prometeo
libros

prometeo
libros

HACIA UNA DEMOCRACIA SOCIALMENTE RESPONSABLE

Federico Saravia - Juan Escobar

Hacia una democracia socialmente responsable

Una reflexión desde la Universidad pública

Prólogo de Bernardo Kliksberg

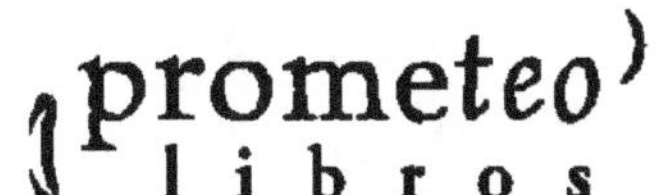

Saravia, Federico
    Hacia una democracia socialmente responsable : una re-
flexión desde la universidad pública / Federico Saravia y Juan
Escobar ; con prólogo de Bernardo Kliksberg. - 1a ed. - Buenos
Aires : Prometeo Libros, 2010.
    172 p. ; 21x15 cm.

    1. Democracia. 2. Enseñanza Superior. I. Escobar, Juan II.
Bernardo Kliksberg, prolog. III. Título
    CDD 323

Diseño: R&S
Armado: Cutral Ediciones
cutral@cutralediciones.com.ar

Cuidado de la edición: Magalí C. Álvarez Howlin

© De esta edición, Prometeo Libros, 2010
Pringles 521 (C1183AEI), Ciudad Autónoma de Buenos Aires
República Argentina
Tel.: (54-11) 4862-6794 / Fax: (54-11) 4864-3297
e-mail: distribuidora@prometeolibros.com
http://www.prometeoeditorial.com

Índice

Prólogo
La hora del voluntariado

por Bernardo Kliksberg[*]

Llega en momento muy oportuno la rigurosa y sugerente obra de Federico Saravia y Juan Escobar sobre Responsabilidad Social Universitaria.

En un mundo que ha alcanzando progresos tecnológicos acelerados, en ámbitos múltiples, que recorren la informática, las ciencia de las comunicaciones, la biogenética, la ciencia de los materiales, la robótica, el internet y muchos otros, que le permiten proveer bienes y servicios para una población mayor a la actual, se presentan gruesas paradojas.

Mientras se podrían producir alimentos para más de 9.000 millones de personas, 1.020 millones padecen hambre a diario. En tanto que las posibilidades tecnológicas podrían dar soluciones rápidas a los grandes temas

[*]*Bernardo Kliksberg* es considerado como el pionero de la ética para el desarrollo, el capital social y la responsabilidad social empresarial. Es, igualmente, el padre de una nueva disciplina, la gerencia social. Ha sido asesor de más de 30 países y numerosos presidentes. Es asesor especial de ONU, BID, UNICEF, UNESCO, OIT, OEA, OPS, y otros. Ente otras responsabilidades fue director del Proyecto de la ONU para América Latina de modernización estatal y gerencia social y director de la Iniciativa Interamericana de Capital Social, Ética y Desarrollo (BID - Gobierno de Noruega). Actualmente es Asesor Principal de la Dirección del Programa Regional del PNUD para América Latina y Director del Fondo España- PNUD "Hacia un desarrollo integrado e inclusivo en América Latina y el Caribe". Ha sido nombrado Profesor Honorario, Emérito y Doctor Honoris Causa por numerosas universidades. El conjunto de su obra científica ha sido declarada por unanimidad de interés nacional por el Senado argentino. Condecorado, premiado, y designado visitante ilustre por gobiernos y ciudades de todo el continente. Ha publicado más de 47 obras y tiene centenares de trabajos traducidos a diversos idiomas. Entre sus últimas obras se hallan los best-sellers internacionales: *Hacia una economía con rostro humano* (Fondo de Cultura Económica, 14 ediciones), y *Más ética, más desarrollo* (Temas, 10 ediciones). Su más reciente obra preparada con el Premio Nobel de Economía Amartya Sen *Primero la gente. Una mirada desde la ética del desarrollo a los principales problemas del mundo globalizado* (España, Planeta/Deusto, 2008).

del agua, más de 900 millones carecen de agua potable, y 2.600 millones no tienen una instalación sanitaria.

Hambre, sed, falta de viviendas mínimas, grandes masas excluidas del trabajo, muestran que hay graves deficiencias de "sabiduría social" en la construcción de las sociedades contemporáneas. Una de las mayores, que incide significativamente en las anteriores, se relaciona con las pronunciadas inequidades. Según un estudio de la Universidad de las Naciones Unidas, el 10% más rico es el dueño del 85% del patrimonio mundial, mientras que el 50% más pobre tiene menos del 1%.

Cuestiones como las del hambre y la falta de agua potable no responden sólo a déficits de producción. Cuanto mayor sea la producción mejor pero hay un tema de "acceso", que está medrado por las agudas desigualdades.

Así América Latina, que produce alimentos anualmente para tres veces su población, tiene un 16% de niños desnutridos, y 53 millones de personas con hambre. El continente, que cuenta con la tercera parte de las aguas limpias del planeta, tiene 50 millones de personas sin agua potable, y 119 millones sin instalaciones sanitarias.

Estas paradojas las pagan caro los más débiles. Mientras en los países ricos mueren sólo 3 de cada 1.000 niños antes de cumplir un año, en los pobres son más de 100. Casi 10 millones de niños mueren anualmente por males totalmente evitables. 2 millones por neumonía porque sus familias no cuentan con los 0,35 centavos de dólares para los antibióticos necesarios, un millón por malaria cuando una red mosquitero cuesta 5 dólares, 1.800.000 por diarreas directamente ligadas a la ingestión de agua en mal estado, falta de sanitarios, e higiene pobre. La desnutrición es el 35% de todas las muertes mundiales de niños. 500.000 madres mueren anualmente durante el embarazo o el parto, muertes vinculadas con la pobreza y evitables.

Todos estos problemas fueron agravados por la crisis mundial, que generó 100 millones más de hambrientos, y aumentó fuertemente las cifras de deserción escolar, y las dificultades en salud pública.

Entre las voces que se han alzado con más fuerza en este siglo para denunciar estas paradojas éticas inadmisibles, exigir acciones, y actuar están las organizaciones voluntarias que por ello se han ganado el respeto universal.

Organizaciones como Amnistía Internacional, GreenPeace, Human Right Watch, Médicos sin Fronteras, Acción contra el Hambre y muchas otras se han convertido en una referencia moral universal.

En diversos países los jóvenes muestran una altísima adhesión a las metas y la acción del movimiento voluntario.

Las ONGs figuran así entre las organizaciones que tienen más credibilidad pública en las encuestas en países como España, la Argentina, USA, diversos países europeos, Israel y otros.

Las ONGS más destacadas del planeta han actuado con frecuencia como contrapesos de las grandes concentraciones de poder económico. En países como USA, por ejemplo, fueron fundamentales en la gran lucha llevada a cabo por la sociedad civil para reducir el consumo de tabaco, uno de las principales causas de muerte, logrando éxitos resonantes.

En general sus continuos llamados de atención y su defensa permanente de los derechos de los ciudadanos, de los consumidores, de la salud pública y muchas otras causas han sido uno de los estimulantes continuos del progreso en responsabilidad social empresarial.

Al mismo tiempo que su tarea de abogacía, a favor de colectivos sociales, ha sido creciente su aporte concreto a la producción de "bienes públicos sociales". Los estimados de la Universidad John Hopkins las ubican como la séptima economía del mundo en Producto Bruto superada sólo por los productos brutos de USA, Japón, China, Alemania, Inglaterra y Francia. En muchos países desarrollados producen más del 5% del Producto Bruto Nacional.

En América Latina urge fortalecer el voluntariado frente a los exigentes retos que presenta la región, donde a pesar de los avances, 190 millones de personas se hallan por debajo del umbral de pobreza, y una cuarta parte de los jóvenes están fuera del mercado de trabajo y del sistema educativo.

El importante aporte que hoy presentamos muestra que esto es posible y que los resultados pueden ser muy relevantes para la sociedad. Esto es particularmente destacable si se tiene en cuenta que el profesor Federico Saravia es quien encabeza esa tarea en la Facultad de Ciencias Económicas de la Universidad de Buenos Aires, que cuenta con una de las mayores matrículas universitarias del continente, con 60.000 alumnos.

Con el liderazgo de su decano Alberto Barbieri, que ha renovado en todos sus planos la centenaria casa de estudios, colocándola como referencia continental, y el trabajo sistemático de Saravia y sus colaboradores se ha convocado a los estudiantes de la Facultad a sumarse a una amplia y muy bien diseñada agenda de servicio que incluye: *la Oficina de Asistencia Integral a Micro, Pequeñas Empresas y ONGs; la promoción de los Derechos Humanos; el Programa de Desarrollo Emprendedor; la promoción de Actividades Comunitarias y el trabajo que se lleva a cabo en el Museo de la Deuda Externa, en tanto producción y divulgación de conocimiento, son las principales áreas que integran el PVU. En ellas, los Voluntarios pueden contribuir en un verdadero proceso dialéctico entre la academia y la sociedad, la teoría y la empiria, la reflexión y la acción preformativa.*

El voluntariado universitario es uno de las mayores potenciales de voluntariado con que cuenta la región.

Por otra parte, el valor educativo que tiene la realización misma de la labor voluntaria tiene pocos parangones posibles.

De allí el gran interés de esta experiencia multitudinaria, planeada y ejecutada con todo cuidado.

El libro tiene como punto de partida la pregunta: ¿qué puede hacer la Universidad Pública para contribuir al bien común? La responde con extrema seriedad, reconstruyendo en capítulos sucesivos muy bien documentados, los grandes vacíos que plantean los modelos económicos de las últimas décadas, y cómo va emergiendo en ellos la idea de responsabilidad social de los principales actores.

Muestra cómo esa idea ya asomaba en el pionero de la ciencia gerencial moderna Peter Drucker, y desmonta los ataques —que se mostraron carentes de fundamento— del Nobel Milton Friedman a una de sus principales expresiones, la responsabilidad social de las empresas privadas.

Realiza lúcidos llamados a la acción voluntaria mostrando sus bases. Señala así que después de la crisis el concepto de *stakeholder* (involucrados) ideado por Freeman, tiene una dimensión planetaria. Señala: "la población mundial es *stakeholder* de las finanzas internacionales".

Llama a "considerar a la ética de la Responsabilidad Social el manual del usuario de la democracia".

La idea maestra de responsabilidad social es el eje de toda la obra, que desde ella, renueva la visión de la Universidad latinoamericana planteándole poner en el centro de su accionar, como se ha hecho en la experiencia que refiere, este enlace maestro entre Universidad y sociedad, que es el voluntariado.

El agudo, bien razonado y vibrante llamado a priorizar y dar todo el impulso al voluntariado universitario que surge de este fecundo trabajo, en una América Latina que necesita movilizar activamente su capital social, hace honor a una vieja sabiduría espiritual de género humano: "Más vale encender una vela que maldecir a la oscuridad".

1.
¿Por qué?

Las reflexiones que presentamos a continuación surgen de la práctica institucional en la Facultad de Ciencias Económicas de la Universidad de Buenos Aires. Se trata de una práctica cotidiana que abarca tanto la gestión como la actividad docente y la investigación académica: una experiencia donde se entrelazan en una misma trama las grandes cuestiones de la agenda internacional y los problemas de cada día, propios de toda gestión orientada a la atención de necesidades de segmentos diversos de la población.

En ese marco se pone de relieve la urgencia de cambios estructurales, que no pueden sino estar complementados por una modificación de actitudes individuales y organizacionales. Desde el punto de vista que desarrollaremos, esta alternativa está representada por el enfoque de la responsabilidad social. Este enfoque refiere al rol que están llamadas a cumplir tanto las organizaciones como los individuos que las integran respecto de las comunidades en las que se insertan.

Esta perspectiva ofrece asimismo caminos posibles para el desarrollo de las capacidades sociales, con el fin de hacer frente a carencias que parecen no encontrar otra solución, debido a un esquema de organizaciones encerradas en sus propios fines y ajenas a la sustentabilidad del contexto en el que se desenvuelven.

La noción de responsabilidad social remite, por parte de quienes integran las organizaciones, a una actitud de apertura respecto de las necesidades de las comunidades con las que se vincula su actividad. Tanto sean éstas comunidades en las que las organizaciones se integran, o bien comunidades que forman parte de las organizaciones mismas u otras comunidades sobre las que las organizaciones influyen a través de su actividad y sus efectos.

Así, es posible afirmar que cuando la responsabilidad social es asumida y expresada en acciones, cuando se manifiesta en hechos concretos, esas acciones y esos hechos contribuyen a *mejorar la calidad de vida promedio* de las comunidades de referencia.

Por ese camino, el ejercicio de la responsabilidad social permite avanzar hacia comunidades más inclusivas e integradas, en una adecuación progresiva de las organizaciones para una mayor permeabilidad a la complejidad de la dinámica social y sus necesidades emergentes. Para decirlo de otra manera, la responsabilidad social permite que haya más y mejor comunidad, desde que fortalece los lazos y relaciones que la constituyen.

Es así que la responsabilidad social hace precisa una toma de conciencia por parte de quienes, por su desempeño en contextos organizacionales, están llamados tanto a asumirla como a impulsar su implementación. Una toma de conciencia respecto del *lugar que se ocupa en la escala social*, tanto del individuo dentro de la organización, como el lugar de la organización misma en sus distintos contextos. Hablamos del lugar que se ocupa, sea en el marco de su actividad, en las cadenas de valor en las que interviene, o bien en los mercados donde participa. Esto también es decir el papel que juega en la interacción con su entorno físico, social, económico, político, etcétera.

Esa toma de conciencia hace imprescindible a su vez una cierta idea del contexto general, una cierta comprensión del tiempo y el mundo en el que vivimos, de su espesor histórico. Una cierta comprensión de dónde nos encontramos y cómo llegamos allí. Porque el ejercicio de la responsabilidad social se vincula directamente con una autopercepción situada —en tiempo y espacio— del *individuo como sujeto ético*. Porque la toma de conciencia por parte del individuo —de su lugar en la escala social y del alcance de sus decisiones— es prerrequisito para una perspectiva realista de la responsabilidad social que le corresponde asumir en su situación.

De lo que se trata la práctica de la responsabilidad social es de una actitud en continua *interacción con los condicionantes fácticos, culturales o institucionales* propios de cada organización y de cada función en la dinámica en que se inserta. En su génesis histórica se encuentra una demanda, ya en los comienzos del siglo pasado, que respondió a condiciones específicas de emergencia, como respuesta a los abusos de posición dominante por parte de las grandes empresas que fueron surgiendo al fragor del industrialismo y en el marco del apogeo de la fábrica como modelo organizacional.

Desde entonces, es posible afirmar que en términos generales el nivel de responsabilidad social en las organizaciones depende en gran medida del nivel y calidad de la demanda efectiva que se verifica en las comunidades con que se relaciona. Es decir, que el nivel de responsabilidad social se ve mayormente determinado por lo que las comunidades reclaman de sus organizaciones.

Esto, sin embargo, constituye una excepción en lo que refiere a la responsabilidad social universitaria, cuyo despliegue en América latina se encuentra muy por encima de las demandas de las que la educación superior es objeto en la actualidad.

La emergencia de la responsabilidad social, su aparición y desarrollo como demanda de las poblaciones, se fue acentuando en las últimas décadas del siglo xx, a medida que se universalizaba el mercado como sistema social, al impulso del neoliberalismo. De forma paralela, y también como efecto de la nueva ola liberal, se iba restringiendo severamente el ámbito y alcance de lo estatal y, de manera concomitante, el campo de acción de la política, frente a la hegemonía de la economía, convertida en el dogma del nuevo orden mundial.

Ese nuevo orden conoció un fugaz apogeo en la última década del siglo: sus precursores habían sido los gobiernos de Ronald Reagan, en Estados Unidos, y Margaret Thatcher, en Inglaterra, que contaban con antecedentes inmediatos en las dictaduras latinoamericanas, especialmente la chilena y la argentina, desde donde sus premisas de liberalización de los mercados y severa limitación de la acción estatal se irradiaron al resto del mundo.

Los resultados de aquel proceso quedaron a la vista de todos. Ninguna de las promesas del neoliberalismo se cumplió, sus predicciones resultaron no ser infalibles y los problemas sociales no cesaron de empeorar a nivel global. La masiva desregulación de los mercados generó una concentración económica sin precedentes y el supuesto "efecto derrame" ni siquiera llegó a "gotear" sobre todos, como se pretendía *en el original inglés* menos generoso que su traducción al castellano.

La mutilación de las funciones de los Estados –que fueron llevados a su mínima expresión– no significó una mayor libertad para el despliegue de la sociedad, sino que, por el contrario, hizo de la *anomia* un creciente factor de disgregación en las comunidades humanas.

La globalización –consecuencia fáctica y legado del nuevo orden instaurado por el neoliberalismo– ya casi no despierta fantasías y genera un consenso más bien negativo respecto de los beneficios que genera –o puede generar– y la manera en que son distribuidos de hecho entre los distintos segmentos de las poblaciones.

El protagonismo del último medio siglo estuvo encarnado en *un tipo de organización específica*, la empresa.

Pero ese protagonismo subrayó el papel que toda organización está llamada a ejercer en estos tiempos turbulentos.

Un protagonismo que se hace manifiesto en el conjunto de las organizaciones sociales, incluso en lo que respecta al Estado en todos sus niveles, pero también específicamente en el ámbito local. Porque es allí donde está llamado a ejercer una función insoslayable, en la comunidad más inmediata, en el lugar donde vive la gente, porque es allí donde impactan los resultados económicos: donde se ve afectada la calidad de vida cotidiana de esas personas y grupos que se integran en comunidad, que comparten un mismo espacio geográfico y una serie de pautas culturales comunes.

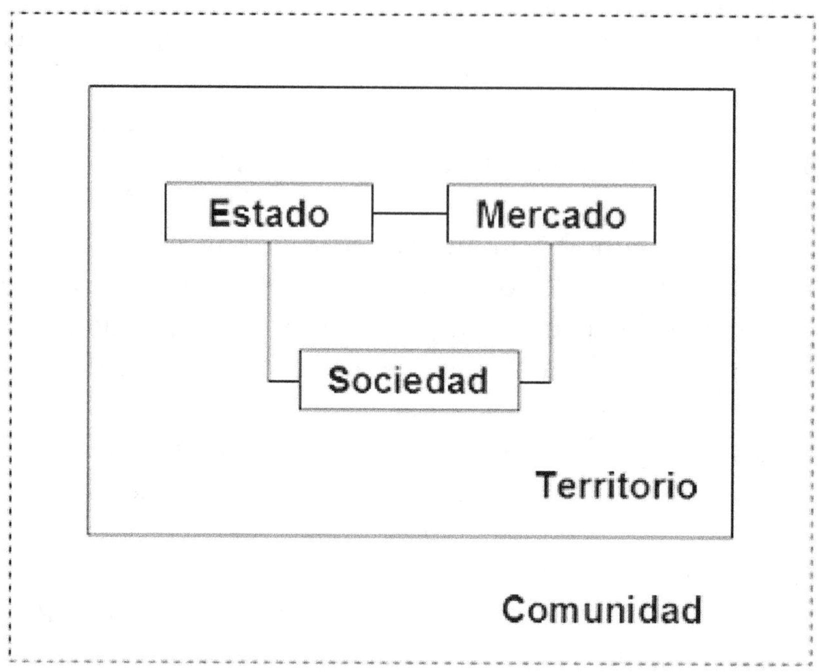

Se pretendió, con aires de suficiencia, que los sueños de la salvación de la sociedad habían terminado. A cambio, se ofrecieron otros sueños, los de la salvación del individuo por el mercado: un sueño que, para la mayoría, terminó siendo una pesadilla.

El cada vez más sostenido reclamo de responsabilidad social dirigido al mundo empresario, implica el fracaso del *mercado como orden social* basado exclusivamente en la ley de la oferta y la demanda. La mítica "mano invisible" que supuestamente garantizaba la mejor autorregulación se reveló como una cerrada trama de intereses a espaldas de las sociedades y sus instituciones.

Intereses sólo fieles a sí mismos. Suele reclamarse valores a una dinámica que sólo reconoce precios. Pero lo que se le está planteando, en rigor, es una exigencia "política" en el sentido más básico de la idea, que remite a *ocuparse de las cuestiones de la comunidad*; trascendiendo lo meramente individual, para considerar lo colectivo. Porque al demandarse responsabilidad social, en ese movimiento se asume una actitud política. Pero también es cierto que se trata de una política que no siempre se atreve a decir su nombre, por el desprestigio que pesa sobre ella. Y esto es así en gran medida por la subordinación de la práctica política a intereses económicos muchas veces incompatibles con la democracia. Como afirma Ricardo Toledo en su libro *Argentina Sociedad Anómica,*

> Cuando la dimensión política, en sentido amplio, como rectora de la vida social se desentiende del bien común, del servicio público, cuando lo estatal o institucional pasan a estar en función de algunos pocos, la promesa colectiva, el esfuerzo común se denigra, los valores se trastocan subrepticiamente, se extravía la noción de reciprocidad y gradualmente las conductas se tornan masivamente autorreferenciales y equívocas en sus orientaciones fundantes, quebrando la cohesión social.

Uno de los principios básicos de estas reflexiones consiste en que la noción de responsabilidad social, aplicada a individuos y organizaciones, en correlación con su posición relativa en la sociedad, *permite una articulación sustentable entre democracia y mercado*. Esto es así porque *humaniza* la dinámica económica, incorporando la consideración por sus efectos, tanto inmediatos como estratégicos, en las poblaciones sobre las que impacta.

Promover la responsabilidad social en individuos y organizaciones –del mercado, del Estado y de la sociedad civil– implica, asimismo, una actitud política y una decisión política, como se ha dicho, en el sentido de ocuparse de las cuestiones de la comunidad, para *una mejor convivencia y una menor desigualdad*.

Ocuparse significa ir un paso más allá del mero *preocuparse*, que es válido sólo en tanto etapa previa, ya que implica una toma de conciencia, un paso adelante del individualismo extremo, ciego a todo lo que no sea el interés particular.

El individualismo se desentiende de la comunidad; sin embargo, sin ella el individuo no tiene destino y su vida no tiene sentido, porque el individuo se completa en el otro, en la interacción donde construye su propia identidad, en la similitud y la diferencia.

Como reconocía Thorstein Veblen, en *Sobre la naturaleza del capital*, un estudio de 1908 acerca de los "activos intangibles":

> Las teorías corrientes de la producción, como también las de la distribución, están planteadas en términos individualistas, en particular cuando estas teorías se basan en premisas hedonistas, como comúnmente lo están. Ahora bien, cualquier cosa que sea o no cierta de la conducta humana en algún otro campo, en el aspecto económico el hombre nunca ha llevado una vida aislada ni autosuficiente como individuo, ni en la realidad ni en potencia. Hablando humanamente, tal cosa es imposible. Ni una persona individual, ni una familia, ni una estirpe pueden mantener su vida en aislamiento. Hablando en términos económicos, ése es el rasgo característico de la humanidad que la separa de otras especies animales.

> La historia de la vida de la raza ha sido la historia de la vida de las comunidades humanas, de mayor o menor tamaño, con mayor o menor solidaridad de grupo y con mayor o menor continuidad cultural a través de generaciones sucesivas. Los fenómenos de la vida humana sólo se presentan bajo esta forma.

Entonces, desde una perspectiva de responsabilidad social, de lo que se trata es de algo tan elemental como ocuparse de las cuestiones de la comunidad. Hacerse cargo. Comprometerse. Dar respuesta. Responder. Asumir la responsabilidad compartida y que sin embargo corresponde a cada uno, como parte de un conjunto que lo trasciende.

Hablamos de un alcance que depende del grado de cohesión, de la sustentabilidad en el tiempo de las relaciones que constituyen esa comunidad. De allí que la responsabilidad social surja como una verdadera condición de posibilidad para la *utopía democrática* que es necesario asumir como tarea colectiva en el siglo que se inicia, en cuya realización se juega una mejor calidad de vida para todos, especialmente para quienes se ven privados de la atención de sus necesidades más básicas y fundamentales.

2.
Contribuir al bien común

¿Cómo podemos contribuir al bien común? El ejercicio de la responsabilidad social comienza con esta interrogación y, a partir de asumir el compromiso que esta pregunta implica, continúa con una serie de acciones que intentan hallarle respuesta. Cabe cuestionarse, asimismo, por qué la pregunta es "cómo podemos" y no "cómo puedo". Sucede que, cuando hablamos de responsabilidad social, estamos *conjugando responsabilidades individuales con responsabilidades institucionales*, que surgen de la naturaleza de las organizaciones sociales, mercantiles o estatales, a través de las cuales nos integramos al conjunto social.

La complejidad del mundo –su diversidad de elementos, conjuntos e interacciones– que se revela sobre la plataforma de la modernidad y por la evolución económica occidental, hace que las relaciones sociales en la actualidad se encuentren mediadas en una proporción significativa por organizaciones de diversos tipos, en una escala de dimensiones que establece un arco entre el individuo y el ámbito global.

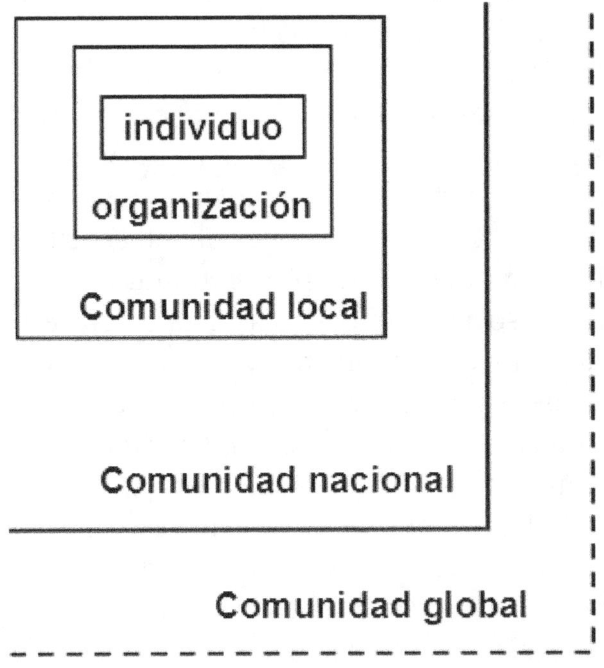

Vivimos, como ha dicho Drucker, en un mundo de organizaciones.

La interacción social de individuos y organizaciones se ha visto caracterizada por fuertes desequilibrios desde los inicios del orden industrial, especialmente a partir de la formación de las primeras grandes corporaciones, propias de las actividades centrales que motorizaron el desarrollo económico desde entonces.

La incidencia de estas grandes corporaciones lucrativas en la dinámica social de las poblaciones generó, desde el comienzo, reacciones que luego dieron lugar a diversos tipos de organizaciones sociales. De esa manera se originaron el *sindicalismo* durante la primera revolución industrial, o los movimientos de *consumidores* tras el auge del fordismo, así como el *ecologismo* de la segunda mitad del siglo xx.

Con la evolución de las comunicaciones masivas esas organizaciones pasarían a constituir la base para el cuestionamiento de la actividad empresaria, en relación con las consecuencias que genera en la población con la que se vincula. De esta forma, se generaron las condiciones de emergencia de la responsabilidad social, primero como demanda y luego como respuesta por parte del mundo empresarial.

Pero en la dinámica de este proceso por el cual se fue configurando la modernidad occidental, es necesario poner de relieve una cuestión fundamental: *la evolución de los derechos humanos* y su posterior reconocimiento por parte de organizaciones internacionales.

La particular relevancia de esta noción se debe a que fundamenta *la constitución jurídica de la humanidad como especie*. Desde el momento que se nos reconocen derechos por el mero hecho de *ser humanos* –y este reconocimiento tiende a generalizarse–, se culmina la configuración en la opinión pública de las condiciones de emergencia de la responsabilidad social como demanda creciente, aunque no siempre reflejada por la comunicación masiva.

Si la responsabilidad social se puede establecer en correspondencia con la *posición relativa* de individuos y organizaciones en una escala social determinada –criterio que, en el contexto de un mercado, fija el *mayor nivel de responsabilidad para el que ocupa la posición dominante*–, resulta evidente su proyección en el ámbito de la comunidad universitaria.

Pero la responsabilidad social universitaria no se limita a una aspiración futura, sino que está llamada a promover una decidida acción en el presente, tanto como requiere un compromiso claro con la *memoria colectiva* de la comunidad de la que es emergente. De igual manera, la responsabilidad social universitaria no es excluyente a un sector en particular, sino que *abarca al conjunto institucional* y a los diversos actores que en las distintas instancias participan de ella.

Si bien es cierto que la responsabilidad nos alcanza a todos, –en concordancia con lo que venimos exponiendo–, *no lo hace en la misma medida*. Así pues, la responsabilidad social hacia el interior de la comunidad universitaria es correlativa con la *participación efectiva en las decisiones* que afectan al conjunto y generan impacto en su entorno social.

Esto es así desde el momento en que se trata de una responsabilidad que es relativa a la ubicación de cada individuo en la organización que integre o a la que pertenezca, y al lugar que ocupa dicha organización en la comunidad que desarrolla sus actividades.

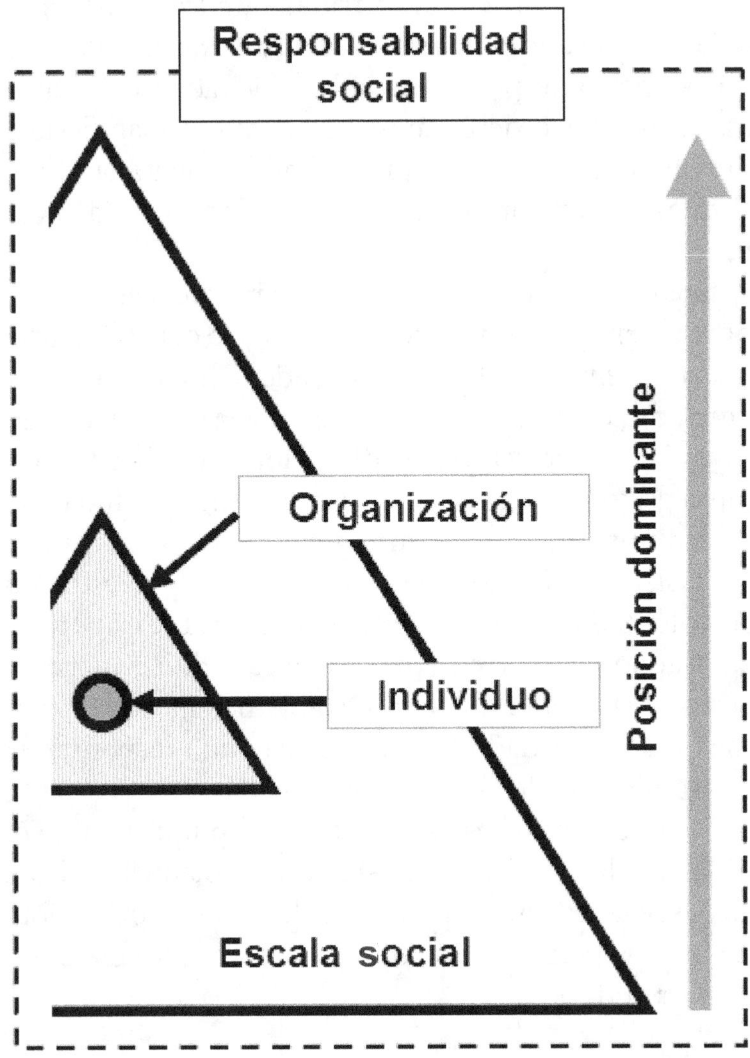

Esta línea de razonamiento también incluye la *responsabilidad política* de las instancias estatales de decisión, que establecen las condiciones fácticas en las que se desenvuelve la actividad universitaria y educativa en general, particularmente en lo atinente a la educación pública, en relación con su marco normativo y presupuestario. En este mismo sentido, cabe destacar que en el ámbito de la educación pública, la responsabilidad social universitaria asume características distintivas, alineadas con una gratuidad sostenida con los aportes tributarios del conjunto de la sociedad, aun de aquellos integrantes sin posibilidades concretas de acceso a la educación superior.

Esta situación implica una especie de deuda social aún pendiente para nuestra democracia, que hace ineludible un compromiso sostenido con el destino común, actitud que en el caso de la Universidad de Buenos Aires ha sido permanente a lo largo de su historia.

La responsabilidad social de la universidad pública se encuentra alineada, de esta manera, con *la naturaleza misma del Estado democrático* y el mandato del que éste es depositario por parte de la sociedad, en el sentido del bien común. En la Universidad de Buenos Aires, esto se manifiesta a través de los tres pilares fundamentales en que se halla cimentada, a través de los cuales canaliza este compromiso, que son: la docencia, la investigación y la extensión.

La responsabilidad social universitaria se ve resignificada en la actualidad, desde el momento en que, con la globalización, se consolidó asimismo *una economía del conocimiento*, donde las capacidades laborales de las poblaciones se vinculan ineludiblemente con la educación a la que tienen acceso efectivo. En esta línea, se volvió retórica la discusión sobre la educación pública y gratuita como gasto o inversión. Ya no cabe ninguna duda: la educación no sólo constituye una inversión, sino que adquiere un *carácter estratégico respecto de la sustentabilidad del conjunto social*. Es por esto que ninguna sociedad con voluntad de futuro puede prescindir de ella ni dejarla librada y expuesta al criterio del mercado, de su lógica o de las fuerzas e intereses que actúan en él. Esta realidad incontrastable nos lleva a la convicción de que donde hay una necesidad insatisfecha, hay una responsabilidad social que debe ser asumida en efectividades conducentes.

¿Qué puede hacer, entonces, la Universidad pública para contribuir al bien común? Ésta es la pregunta que este libro se plantea y a la que buscará dar respuesta desde la reflexión y partiendo desde la propia acción cotidiana, así como de aquellas perspectivas con un desarrollo viable que se puedan derivar de esta actitud.

3.
Precisiones sobre los asuntos a abordar

Hemos hablado de necesidades, de su atención o de su insatisfacción. Pero, ¿de qué hablamos cuando hablamos de necesidades?

El científico argentino Oscar Varsavsky trabajó la cuestión en profundidad en su libro *Proyectos nacionales. Planteo y estudios de viabilidad*, de 1971. A manera de presentación y puesto a enumerar, adelantaba:

La lista de las necesidades que la sociedad debe considerar –para satisfacerlas en algún grado o ninguno– incluye por lo menos las siguientes:

Necesidades físicas:
1. Alimento y vestuario.
2. Vivienda, su equipamiento y servicios.
3. Otros bienes durables.
4. Salud.
5. Transporte y otros servicios personales.

Necesidades sociales:
6. Seguridad social, incluso solidaridad e integración.
7. Acceso a información y comunicación globales.
8. Núcleo social básico (familia y/o otros).
9. Forma de urbanización.
10. Igualdad en la distribución del producto y el prestigio.
11. Libertades individuales garantizadas; organización de la vida individual.
12. Limitar y distribuir el tiempo trabajado para cada edad.

Necesidades culturales:
13. Educación y entrenamiento.
14. Ocio recreativo y deporte.
15. Ocio creativo, innovador: científico, artístico, artesanal.
16. Imagen del mundo.

17. Satisfacción en el trabajo: condiciones materiales, estímulos, alienación.

Necesidades políticas:
18. Participación en decisiones de diversos tipos y niveles.
19. Autonomía nacional, de diversos tipos. Papel del país en el mundo.
20. Propiedad personal; garantías y límites
21. Política de desarrollo regional para el país.
22. Libertad para cambiar de Proyecto Nacional.

Legado final de recursos.
23. Métodos de resolución de conflictos sociales.
24. Política para el tamaño y estructura de la población.
25. Estructura institucional: organización y clase de instituciones.

Luego, Varsavsky aclaraba que "la lista se da con carácter puramente ilustrativo, para poner ya las cartas sobre la mesa".

Una atención eficiente de las necesidades –sociales en un sentido amplio– continúa siendo hoy el desafío central de las democracias latinoamericanas.

La experiencia advierte que eso no puede ser responsabilidad excluyente del Estado, ni mucho menos puede quedar librado a la buena voluntad del mercado (una buena voluntad de la que el mercado dio sobradas muestras de estar por lo general exento).

El ejercicio de la responsabilidad social nos señala que cada individuo se convierte en un ciudadano más pleno en la medida que asume su compromiso con la comunidad y lo expresa a través de las organizaciones donde participa. Porque el destino colectivo es una responsabilidad de todos y –no se ha repetido aún lo suficiente– cada uno en correspondencia directa con el lugar que ocupa en la sociedad.

De allí que uno de los aspectos fundamentales de la responsabilidad social refiera a la *articulación de responsabilidades múltiples.*

La responsabilidad social en las organizaciones implica un entramado de responsabilidades concordantes en un sentido ético, un entramado que es reflejo de la complejidad social en la que las organizaciones se hallan inmersas. Un sentido que coincide con la articulación de responsabilidad propia de los distintos actores sociales en el marco de la democracia, donde es cierto que todos somos responsables, aunque no lo seamos en la misma medida. Articulación que deriva del hecho de que *la democracia es el espacio de las responsabilidades colectivas.*

Así, esa articulación también integra responsabilidades en ese arco que va de lo individual a lo colectivo, donde el ámbito organizacional opera como canal, como nexo, como vehículo de la articulación de esas responsabilidades con fines específicos y determinados por la actividad de cada organización, a través de lo cual se incorporan en la dinámica de las comunidades a las que se integran.

Por otra parte, la multiplicidad de responsabilidades que se superponen, se verifica también en el plano estrictamente individual, dadas *las diferentes funciones* en las que se desarrolla su acción, en los distintos planos en que se despliega. Sea en el ámbito primario de lo familiar –o en sus otras comunidades de referencia–, como productor o consumidor en la dinámica económica, o bien relacionado con su incorporación a la dinámica social, donde el ejercicio de la *ciudadanía* le confiere una serie de *responsabilidades cívicas* que incluyen su participación política, su incumbencia respecto a las cuestiones que hacen al cumplimiento del *contrato social* que constituye la comunidad política –cuyo núcleo es el Estado democrático–, y hace posible su continuidad en el tiempo.

En la gestión de las organizaciones desde la perspectiva de la responsabilidad social, una de las características distintivas refiere a los *valores* que subyacen a las *prácticas cotidianas* que tienen lugar en el contexto organizacional. Como sostiene Daniel Innerarity en su libro *Ética de la hospitalidad*:

> Lo que hace la ética es mostrar cómo cualquier concepción nueva debe presentarse a nuestra atención: mostrando su relación con nuestra experiencia vivida del mundo y acreditando su capacidad de organizar y estructurar nuestra experiencia. De nada sirve la enseñanza a menos que haya una preparación previa en las cosas buenas. El respeto, la responsabilidad, el agradecimiento, la magnanimidad, la constancia, la compasión son virtudes que no pueden ser argumentativamente fundamentadas, sino tan sólo fortalecidas por la argumentación.

Hablar de *una ética organizacional,* desde el punto de vista de la comunidad, plantea la relación entre las acciones de quienes integran la comunidad y sus efectos sobre la convivencia, que constituye fácticamente esa comunidad. En este aspecto se trata de lograr que las organizaciones evolucionen para convertirse hacia el exterior en organizaciones amigables, y hacia su interior en lo que Jorge Etkin ha denominado *organizaciones vivibles*. De esta manera, a los fines prácticos, podemos asumir ese criterio como parámetro y considerar como ética toda acción que contribuye a *una mejor convivencia* en el marco de la comunidad de la que se trate.

Es posible afirmar que más que una *ética* en términos abstractos, llegado el caso, lo verificable y por lo tanto efectivamente existente son los *sujetos éticos*, aquellos en los que se encarnan esos valores que hacen a una ética de la responsabilidad. Porque puede decirse que, en los hechos, no hay *ética* sino la que se encarna en sujetos éticos.

Para el sujeto ético individual, la responsabilidad social se define proporcionalmente, teniendo en cuenta su posición en la escala social, el alcance de las decisiones en las que participa y la medida en la que incide en ellas.

A la *comunidad* en cuanto sujeto ético colectivo, en cuanto conjunto social, la premisa de la responsabilidad social le asigna la *autorresponsabilidad*, respecto de su propia *sustentabilidad y permanencia*. Esto se proyecta hacia lo político en un Estado que asume plenamente el modelo democrático, y que consecuentemente organiza sus servicios públicos para atender, de manera eficiente, las necesidades de la población.

Entre ambos extremos del arco que comunica lo individual y lo colectivo formalizado en el Estado, se despliega la actividad de las organizaciones, con la *autonomía relativa* que las define, que canalizan la acción de la sociedad y construyen su sentido ético en el bien común.

A estos sujetos individuales o colectivos corresponden distintos tipos de responsabilidad. Es decir que constituyen un campo donde lo relevante es a quién le corresponden qué responsabilidades y respecto de quiénes. A quién, a qué sujetos en el marco de la comunidad universitaria: sean docentes o alumnos; no docentes o investigadores; funcionarios o personal administrativo. Todos ellos con responsabilidades diferenciadas, incluso dentro de las mismas actividades específicas, pero a su vez convergentes en el bien común. Responsabilidades que se ensamblan en la dinámica organizacional. Una dinámica fuertemente condicionada, en nuestro caso particular, por la pertenencia a la esfera de lo público por formar parte del Estado y por lo cual se establece como base la responsabilidad correspondiente al *carácter de ciudadano* que inviste en este contexto a cada uno de los integrantes de la comunidad universitaria.

Respecto de los distintos tipos de responsabilidad convergentes, cabe señalar provisionalmente, además de la responsabilidad social, la responsabilidad institucional y la responsabilidad política. La *responsabilidad institucional* de la universidad pública deriva justamente de su pertenencia al ámbito de lo estatal, de ser parte del Estado. Y, por tanto, de inscribirse históricamente en la institución fundante de la comunidad nacional. Por consiguiente, la responsabilidad institucional de la universidad pública remite a los actos administrativos y a las relaciones contractuales. En este sentido, la Universidad pública opera como extensión de la responsabilidad institucional del Estado en el ámbito de las relaciones laborales, tanto respecto del personal docente como de cualquier otro segmento de trabajadores de la educación, ya que las decisiones que incumben a sus condiciones laborales –como es el caso de los salarios– muchas veces exceden la propia incumbencia universitaria y se dirimen en otros ámbitos del Estado. En el aspecto laboral, por tanto, la responsabilidad institucional de la universidad pública se circunscribe a las condiciones laborales que dependen de las decisiones que se toman efectivamente dentro de sus límites organizacionales.

Esta referencia no es ociosa ni se trata de un ejemplo trivial, ya que la jerarquización de la función docente, así como el reconocimiento de la educación en cuanto una inversión estratégica fundamental, continúan siendo aún una asignatura pendiente del Estado argentino en todos sus niveles y ámbitos de decisión.

En lo que hace al gobierno de la universidad pública, en manos de los funcionarios electos de acuerdo con las formas establecidas, existe una *responsabilidad política* que impregna las decisiones de tales funcionarios públicos. Esta responsabilidad política incorpora el compromiso que surge de la *representatividad* por parte de los funcionarios.

La responsabilidad política es *complementaria y accesoria* a las responsabilidades que corresponden al individuo en su carácter de ciudadano. Esto es así desde el momento que la ciudadanía surge de la relación entre los individuos y el Estado, que constituye a los individuos en sujetos de derecho y de quienes emerge –a través del sufragio y la tributación– la legitimidad que sustenta la soberanía del Estado democrático.

La responsabilidad institucional de la universidad pública se inscribe en la responsabilidad del Estado para con los habitantes de su territorio. Es así que concierne a los medios para hacerlo efectivo, para garantizar el ejercicio de una ciudadanía plena, lo que es decir reconocer efectivamente a los ciudadanos en su carácter de *sujetos de derecho*. Los medios conducentes a lograr una atención efectiva de las necesidades de la población deben contar con los propios potenciales de la comunidad en cuanto a ser artífice de su propia sustentabilidad.

Respecto de lo cual, la educación se evidencia como el único camino para formar *individuos plenos, integrados* a la dinámica social y *proactivos* respecto del destino del conjunto. Pero la educación pública no ha permanecido ajena a la crisis del Estado, promovida por el avance del mercado como forma de regulación de las relaciones sociales, sino que antes bien, ha sido uno de los aspectos en los que ha sufrido con mayor contundencia el impacto de las transformaciones económicas globales.

La magnitud del desafío que se le presenta a la educación pública incorpora a la responsabilidad institucional del Estado la urgencia de asumir la educación como una verdadera política de Estado, orientada a fortalecer significativamente la integridad del cuerpo social en lo estratégico. Entendiendo la educación como un proceso integral, necesariamente integrado y esencialmente integrador, que en su carácter de *servicio público* –entendido como actividad del Estado dirigida a atender necesidades sociales– debe realizarse a través de todos los medios posibles. Pensando el mediano plazo, generando consensos básicos y acuerdos entre las fuerzas políticas con responsabilidades políticas y aquellas con representación parlamentaria. Planificando, estableciendo metas comprobables y plazos razonables de acuerdo con la urgencia de las necesidades a cubrir. Acuerdos que remitan a cuestiones concretas de infraestructura y recursos a destinar para convertir a la educación pública en el motor de un desarrollo deseable. Un desarrollo integral, que sea la proyección de lo que Bernardo Kliksberg ha llamado *una economía con rostro humano*.

4.
RS, organizaciones y Estado

Si, como se ha dicho, la responsabilidad social surge de conjugar responsabilidades individuales con responsabilidades institucionales, ésta comprende tanto la responsabilidad de los individuos que integran cada organización –que es relativa a su posición en ella– como la responsabilidad institucional de la organización, por las consecuencias que provoca con el desarrollo de su actividad. De esta manera, la perspectiva de la responsabilidad social *permite definir y determinar el nivel de contribución efectiva al bienestar del conjunto* que corresponde a los distintos actores sociales involucrados, a título individual y colectivo.

Por otra parte, desde un punto de vista cualitativo, esta responsabilidad social se define, asimismo, por la naturaleza de la actividad que la organización desarrolla. De esta manera, la responsabilidad social difiere en su naturaleza y manifestaciones si la organización es empresarial, estatal o social, porque el sentido de la actividad que desarrollan éstas es distinto, puesto que cumplen distintas funciones en la dinámica social, lo que a su vez determina diferencias sustanciales en los impactos que genera en los diversos públicos con los que se vincula en el marco de la comunidad. Pero, entre las diferencias, la más significativa es la que hace al *carácter lucrativo* de las organizaciones empresarias, ya que los beneficios que distribuye son extraídos de la comunidad, a la que a su vez se externaliza prácticamente el conjunto de los costos derivados de la actividad.

La responsabilidad social constituye, para usar la expresión de Edgar Morin, una *unidad compleja*, y su carácter central puede ser político, económico o académico, dependiendo de la función que cumple la organización en la sociedad. Y decimos que depende del ámbito de la actividad humana de la que emana puesto que la responsabilidad social, al encontrarse alineada con el quehacer principal de la organización, *no consiste en hacer otra cosa que lo que la organización hace*. La diferencia reside en la forma de llevarlo a cabo y sus resultados consecuentes, porque la práctica de la responsabilidad social en las organizaciones puede también considerarse como un camino de perfeccionamiento y consolidación institucional, en el sentido de *una mayor eficiencia social de las organizaciones*. Porque no parece razonable definir como eficiente una organización que precisa externalizar gran parte de sus costos a la sociedad para mantenerse en funcionamiento.

En el caso de las empresas, no se puede hablar de eficiencia si su operatoria implica la explotación de los trabajadores, la contaminación ambiental o la insatisfacción de sus consumidores. Por eso, podemos afirmar que la eficiencia social de toda organización se halla determinada inversamente por los *costos sociales* inherentes a su funcionamiento. Es así que la responsabilidad social se halla fuertemente condicionada tanto por el *diseño organizacional* cuanto por las características de las *cadenas de valor* en las que se inserta.

Pero más allá de lo meramente cuantitativo, lo más relevante de la eficiencia social de las organizaciones se vincula con el hecho de que lo que para la organización representa una cuestión de *costos*, una vez externalizados a la comunidad éstos se manifiestan como *daños* que inciden negativamente en la calidad de vida de los públicos vinculados directa o indirectamente con la actividad de la organización, que atenta —en última instancia— a la sustentabilidad misma del conjunto social en el tiempo.

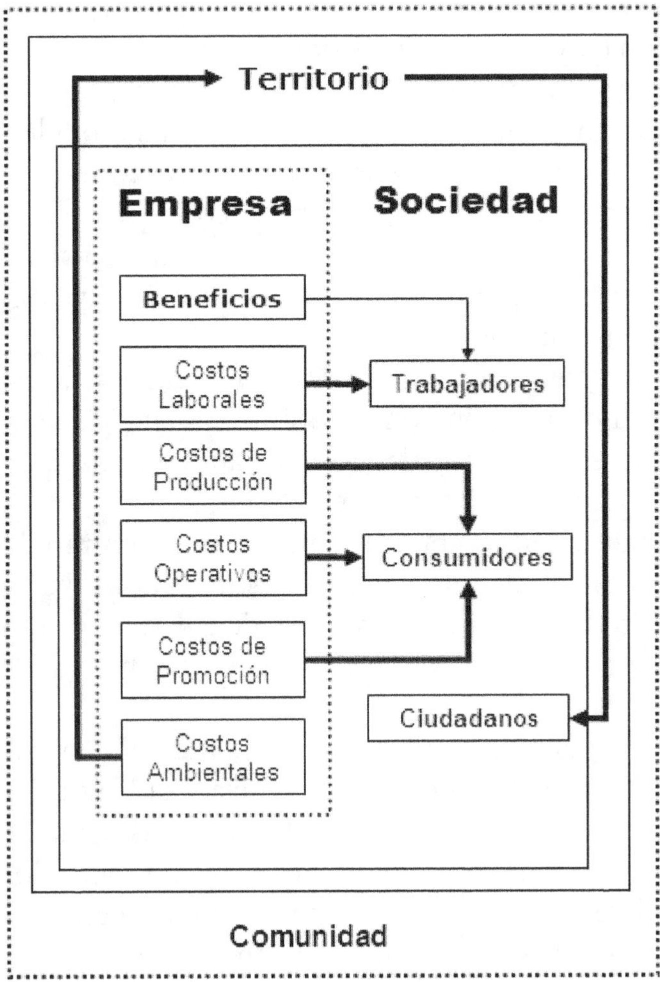

En lo que respecta a la universidad pública, cabe destacar una vez más que su responsabilidad social está determinada integralmente por el hecho de ser un organismo que forma parte de una integración mayor que es el Estado nacional, cuya acción, en democracia, debe orientarse –por mandato de la sociedad de la que surge su legitimidad– al bien común.

Indudablemente es necesario establecer *parámetros específicos* para una evaluación realista de la responsabilidad social que correspondan a las actividades, tanto lucrativas –que se despliegan en el marco del mercado–, como a las solidarias –que emergen en la sociedad civil– o a aquellas orientadas al bien común, que son inherentes a la existencia misma del Estado democrático, a su mandato originario.

En el caso particular de la Argentina, desde el preámbulo de la Constitución Nacional, ese *bien común* se define como "bienestar general": se refiere claramente a la calidad de vida de la población, que abarca al conjunto de personas que se encuentran dentro de los límites de nuestro territorio, que puede interpretarse como una base constitucional para definir un modelo político, económico y social de inclusión universal.

Ese *bienestar general*, entendido como el nivel satisfactorio de la calidad de vida de la población, es un factor clave para la sustentabilidad del conjunto social, en la medida que pueda garantizarse su continuidad merced a una visión que logre aunar, en un sentido práctico y conducente, el progreso con el bien común. Ello implica necesariamente un crecimiento económico sostenido, acompañado por un esquema distributivo cuyo diseño responda a un criterio de justicia social.

La idea de bienestar general vinculado con la calidad de vida bien puede comprenderse en correlación con el *nivel de sustentabilidad* de la atención efectiva de las necesidades sociales, garantizando un nivel de flotación mínimo para el conjunto de la población.

Entonces, en este sentido puede asumirse que el punto de partida de la función del Estado democrático –para nuestros constituyentes– fueron las necesidades de los habitantes, necesidades de cuya atención depende tanto la supervivencia física de los individuos como su integración plena en el conjunto social.

El Estado democrático implica un *estado de derecho*. La consistencia de este *estado* se retroalimenta en la eficiencia y la legitimidad del Estado democrático, llamado a resolver los problemas de las poblaciones humanas generados fundamentalmente por la acción de un mercado sin freno. Es responsabilidad del Estado establecer un marco normativo efectivo para el conjunto social, donde se garantice efectivamente el respeto a los derechos consagrados en el contrato social vigente: un contrato que define la orientación y delimita el campo de acción de la sociedad y de las instituciones que se desarrollan en el seno de la comunidad.

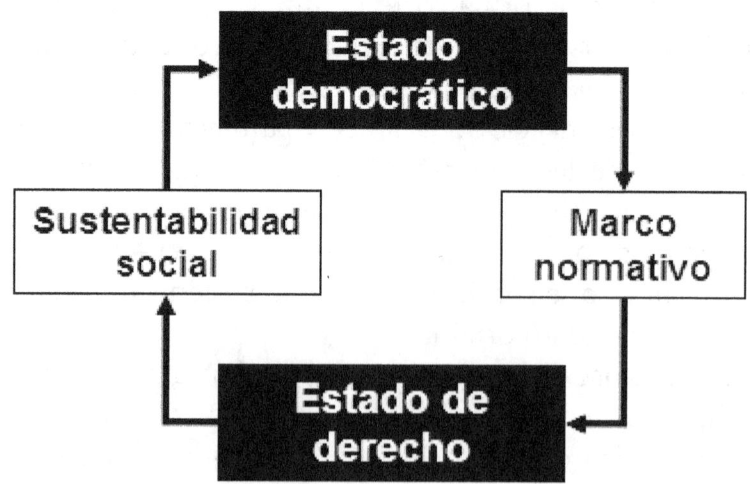

Hoy, para el Estado democrático, todo esto significa un desafío que no puede afrontar solo, porque, dadas las condiciones en las que el Estado tiene que desplegar su acción, ese mandato excede sus capacidades, tanto materiales como simbólicas, por razones históricas que podemos encontrar en la evolución del orden económico occidental, particularmente en el transcurso de la segunda mitad del siglo xx.

Y la universidad pública no ha permanecido ajena a los efectos sociales de esa etapa.

Con la recuperación de la democracia en los años ochenta, tanto en la Argentina como en el resto de América Latina, la Universidad se vio ante el desafío de recuperar el tiempo perdido a causa de las dictaduras –y la consiguiente discontinuidad para el desarrollo y evolución de las instituciones de la democracia–, cuando tuvo que hacer frente a la nueva ola del neoliberalismo, que ofició como el preámbulo a la consolidación efectiva del referido nuevo orden de la globalización.

Nuestro presente se encuentra signado por un nuevo desafío de cara al futuro: el ejercicio de la responsabilidad social puesto al servicio de la sustentabilidad democrática.

Pero es un desafío que cuenta con la base cierta de un compromiso que ya va llevando décadas de la comunidad universitaria latinoamericana como un emergente activo de las comunidades de las que forma parte.

Con todo, resulta notable el desarrollo que viene experimentando la responsabilidad social universitaria en los claustros latinoamericanos, tanto en lo que respecta a su conceptualización cuanto a la implementación de prácticas concretas que se sostienen y evolucionan en el tiempo.

Lo llamativo del caso reside justamente en el hecho de que la noción de responsabilidad social, desde el momento que no surgió específicamente del ámbito universitario o de la actividad académica (sino que fue hallando su lugar a partir de las demandas dirigidas a las empresas), todo lo cual hubiera hecho comprensible que no encontrara un eco significativo en los claustros.

Es cierto que en el contexto de la globalización esta perspectiva se extendió finalmente al conjunto de las organizaciones de la sociedad, como planteaba Drucker, trascendiendo el marco estricto de las relaciones de mercado, de las que, sin embargo prácticamente ninguna organización queda exenta. La nueva etapa pone de evidencia respecto de las organizaciones su carácter de *sistemas abiertos*, sistemas en interrelación con otras organizaciones y con su contexto institucional, lo que hace inteligible la complejidad que se despliega entre el individuo y las comunidades a las que se ve compelido a integrarse para una atención satisfactoria de sus propias necesidades.

También es cierto, como se ha dicho precedentemente, que la cuestión de la responsabilidad social en las comunidades universitarias latinoamericanas surge menos por una demanda efectiva que respondiendo a necesidades sociales concretas con la iniciativa social y la voluntad de contribuir a la conformación de sociedades más inclusivas e integradas.

Esto se hace efectivo con el estilo y las maneras propias de cada lugar, que es decir con características que asemejan o distinguen una experiencia de otra. De todas maneras, esta circunstancia da cuenta de un alto nivel de *proactividad social*, de iniciativa constructiva, de intenso ejercicio de la *buena voluntad* en las comunidades universitarias de América Latina.

Esto último cobra especial relevancia si se tiene en consideración la prédica constante y sistemática a favor de un individualismo absoluto por parte del neoliberalismo a lo largo de décadas. Un individualismo ciego que pasa por alto el hecho de que *las necesidades humanas sólo pueden atenderse de manera satisfactoria en comunidad*, desde el momento que el individuo de nuestra especie no es, en modo alguno, autosuficiente como para sobrevivir aislado.

Ese individualismo reconoce claros antecedentes en perspectivas vinculadas con lo que se ha dado en llamar "darwinismo social", que trasladan al ámbito de la comunidad humana criterios como el de la supervivencia del más apto, propios de la ley de la selva. Esos criterios constituyen la base conceptual subyacente a la visión de una sociedad salvajemente competitiva, orientada por un modelo de éxito individual de suma cero, donde lo que gana uno necesariamente es a costa del perjuicio de otro.

De la misma forma, el contexto de competencia no abarca exclusivamente a los individuos sino que en él se hallan inmersas las organizaciones, condicionadas por una visión tendiente al *individualismo organizacional*.

Un individualismo que hace a las organizaciones replegarse y cerrarse sobre sí mismas. Que hace a las organizaciones encerrarse en sus propias lógicas de autorreproducción, estableciendo una división tajante –y generalmente agónica, de confrontación– entre el "adentro" y el "afuera" de cada organización. Esto se inscribió, durante un período considerable, en lo que podríamos llamar el *código genético* de las organizaciones.

Un código revelado en la formulación de la visión, la misión y los objetivos asumidos por cada una y la manera de concretarlos en la práctica.

El modelo de suma-cero que subyace a la competencia como eje excluyente de la economía y la sociedad, tanto en lo que hace al comportamiento individual como al comportamiento organizacional y sus consecuencias, ha demostrado en el tiempo que tarde o temprano se agota con desastrosas consecuencias para el tejido social de las comunidades en los que se aplica.

Complementariamente evidencia la palmaria imposibilidad de una plena realización personal conquistada a expensas de la destrucción de la comunidad que le da contención y sentido, tanto a individuos como a organizaciones.

Con las mencionadas diferencias inherentes a cada caso y a sus condiciones particulares de aparición, existe sin embargo una serie de condiciones comunes al espacio latinoamericano, considerado como el de mayor desigualdad social en el planeta, donde la pobreza aparece como resultado de un orden palmariamente injusto antes que de la escasez material de los recursos necesarios. Como bien detalla Bernardo Kliksberg en su trabajo *Un tema ético central: el impacto de la pobreza sobre la familia en América Latina*, incluido en *La agenda ética pendiente de América Latina*, un libro que por sus contenidos debiera incorporarse transversalmente a la formación estudiantil en las primeras etapas de las carreras universitarias:

> La aspiración a una sociedad entre cuyos pilares esté la superación de las discriminaciones se halla en las entrañas del "sueño latinoamericano".
> Recorre toda la historia del continente, tiene profundas representaciones a nivel nacional en casi todos los países, y es objeto actualmente de continuas luchas. En estos procesos genuinos de democratización, se suceden los esfuerzos para denunciar las discriminaciones de toda índole, y bregar por su superación.
> Sin embargo, no bastan los sueños para cambiar las duras realidades de la región. La recorren graves tendencias hacia la pauperización y la polarización social, que están despertando fuerte preocupación tanto dentro de los países, como a nivel internacional, y que son el contexto propicio para la acentuación de discriminaciones. Así, las desigualdades extremas en el acceso a oportunidades socioeconómicas mantienen y agudizan dramas, tales como la miseria en que viven las comunidades indígenas, la marginación en algunos países de la población de color, la interiorización de la mujer, sobre todo de la mujer pobre en diversas áreas, la marginación de los discapacitados y de las personas mayores de edad. De todo ello surge una sociedad con fuertes fracturas, que generan exclusión, tensión social y, con frecuencia, ideologías intolerantes racionalizadoras de estas últimas.

La tradición comunitaria que es consustancial a la cultura latinoamericana resistió estos embates generando toda una corriente de opinión y de acción, a la vez crítica y constructiva cuyo vigor hoy podemos observar a lo largo y ancho de nuestro subcontinente. Es así que la responsabilidad social universitaria, en los hechos, presenta la característica de una marcada diversidad. Esto pone de manifiesto la naturaleza situada de sus prácticas y conceptualizaciones, desde el momento que se ven determinadas en gran medida por el entorno social en el que tienen lugar. Es decir, por las necesidades concretas de la comunidad, que a su vez dan sentido y justificación a ese compromiso.

Este compromiso, asumido por las instituciones educativas con las comunidades de las que forman parte, hace de la responsabilidad social universitaria un elemento de especial relevancia a la hora de movilizar el potencial transformador de nuestras comunidades frente a los desafíos que se nos presentan de cara al nuevo siglo por el que estamos transitando.

Si, como se ha dicho, las prácticas vinculadas con la perspectiva de la responsabilidad social en las organizaciones llevan la marca ineludible de la diversidad, ésta no puede estar ausente en lo que respecta a las comunidades universitarias.

Esta diversidad en las prácticas se ve reflejada asimismo en los abordajes conceptuales que se realizan en torno de ellas. Ésta es una de las causas por las cuales puede resultar utópico pretender un amplio consenso, entendido como un espacio de homogeneidad que avance más allá de compartir algunos presupuestos básicos, por lo demás, siempre móviles y sujetos a discusión, a replanteos, a reformulaciones. Sin embargo consideramos que la diversidad no es un obstáculo para reconocer una serie de aspectos generales en relación con la temática. Aspectos generales, variables presentes en alguna medida, cuestiones a resolver de acuerdo con las circunstancias particulares de cada caso.

5.
Itinerario de desencuentros

Hay una historia de las instituciones en Occidente que se inicia con la Revolución Francesa y que entra en crisis de significación a medida que se va internando en el siglo xx; una historia política, que es también una historia del poder político, de sus luchas y protagonismos; de sus procesos y evoluciones; de sus ideas y realizaciones.

Hay, además, una historia que se origina en lo que se ha conocido como la primera revolución industrial europea y cuya evolución sirve para explicar mejor nuestro presente: una historia económica y del poder económico, donde se encuentra fácilmente el linaje de la globalización que tiñe nuestros días como el efecto de una lluvia ácida.

Por una parte, observamos la historia de la expansión del capitalismo, con la tendencia a universalizar el mercado como forma dominante de las relaciones sociales y, paralelamente, la dificultad de los estados nación para conservar la regulación de esas relaciones sociales en proceso de transformación. Esta pérdida progresiva de influencia por parte de los estados, en beneficio de la libertad de los mercados, ha tenido asimismo correlación con la subordinación de las economías productivas a la dinámica financiera, de los factores tangibles a los intangibles. Como lo expresa Riccardo Petrella, uno de los fundadores del Grupo de Lisboa, orientado a la concientización en torno de la problemática del agua, en su libro *El bien común*,

El aumento en potencia de la mundialización, dirigida y configurada por los poderes económicos privados cada vez mejor organizados a escala planetaria, se ha plasmado en una pérdida estructural y visible de las capacidades de gobierno de la economía «local» y mundial por parte de los poderes públicos, que han permanecido organizados a nivel nacional.

Éstos no sólo han perdido, en los últimos años, el control del capital, sino que han visto debilitarse también su capacidad de dominar el mercado laboral, incentivo fundamental del buen funcionamiento del Estado del Welfare: cada vez más aleatorio, el mercado de trabajo depende de las estrategias de desarrollo y de conquista practicadas por las redes mundiales de empresas privadas multinacionales. Han perdido sobre todo su «soberanía» de relativo control y de intervención en los engranajes de la economía: la mundialización los ha privado del fundamento de su soberanía, basado en la existencia de una economía nacional, de un mercado nacional susceptible de ser «maniobrado» por el Estado y por tanto al alcance de los poderes políticos y financieros reguladores del Estado nación. Se ha despojado al Estado del Welfare de todos sus recursos reguladores: las políticas de tipo keynesiano demostraron ser realistas y eficaces mientras podían apoyarse en una economía, una moneda, infraestructuras de capital fijo y un consumo nacionales. La mundialización ha debilitado considerablemente, casi aniquilado, esta condición de eficacia. Esto no significa que la economía, la moneda, el consumo, las infraestructuras nacionales pierdan su importancia, ni que por ello los poderes públicos nacionales hayan perdido todo poder. El significado es otro: el espacio económico nacional, la economía nacional, el mercado nacional ya no son el punto de partida y de llegada de estrategias pertinentes para los actores económicos, especialmente los privados (los que, por el momento, [...] establecen las prioridades del orden del día mundial). La pertinencia estratégica determinante corresponde ahora al espacio económico mundial, a los mercados financieros mundiales.

Podemos decir que el siglo pasado fue un verdadero campo de batalla para los estados nación que veían relativizarse su soberanía frente al avance constante de la globalización económica y las fuerzas que motorizan los mercados. Pero no se trata meramente de enjuiciar al siglo XX por sus consecuencias —ya que las causas tienen raíces en lo profundo de la historia—, sino de asumirlo como la plataforma ineludible sobre la cual imaginar y labrar el futuro deseado. De lo que se trata es de trazar un mapa que permita orientarnos y generar, progresivamente, sustentabilidad para los conjuntos sociales en los que se organizan las poblaciones humanas.

Es ese "nosotros" que necesitamos volver a imaginar, sobre aquello que un eufemismo ha dado en llamar "la gente", que alude a los ciudadanos reducidos a un rol pasivo de espectadores o consumidores, signados por la heteronomía. De esta forma, en la atmósfera envolvente que genera el entorno electrónico de las comunicaciones, hoy las poblaciones humanas se encuentran inmersas en mercados interconectados en redes globales, con un protagonismo indiscutido por parte de las grandes corporaciones empresarias.

La relación cada vez más estrecha entre las empresas de todo tipo y la calidad de vida de las comunidades vinculadas con su actividad fue generando una mayor atención de quienes se veían, de alguna manera, perjudicados por los "efectos colaterales" de la economía de mercado. Son consecuencias siempre proporcionales a la libertad de esos mercados, siempre concordantes con controles ineficaces o regulaciones inexistentes o en vías de extinción por parte de la esfera estatal.

La primera década del siglo XXI vio emerger la cuestión de la responsabilidad social como una temática persistente, parte de una reacción social creciente, a medida que avanzaba la actual etapa de *occidentalización del mundo* conocida con el nombre genérico de *globalización*.

El escándalo de *Enron* generó una ola de alarma y preocupación respecto de las posibles consecuencias de la acción de las grandes firmas. Ya avanzado el caso, alguien reparó en que muchos de los procesados tenían en común la formación en una prestigiosa casa de altos estudios. Fue así que las autoridades universitarias se vieron convocadas a declarar en el juicio. Lo que estaba en cuestión era definir la posible responsabilidad de esa casa de altos estudios en el comportamiento de quienes habían sido sus alumnos en las actividades vinculadas con su formación profesional.

Pero también se actualizó el debate en torno de la responsabilidad social de la institución universitaria, entendida como un todo, por su vinculación con diversos segmentos de la comunidad y por el lugar mismo que ocupa en el conjunto social. Como señalara oportunamente Bernardo Kliksberg al respecto:

> El tema de la ética en los negocios ha sido convertido en una cuestión central de la agenda pública por la sociedad americana y otras sociedades avanzadas junto al tema de la ética en los líderes políticos, y directivos públicos. Junto a probidad, los inversores están exigiendo crecientemente que haya transparencia total en la conducción corporativa, controles confiables, y están impugnando los montos siderales pagados como compensaciones a altos ejecutivos. Fondos de pensiones y otros grupos de pequeños inversores están enfatizando invertir en empresas socialmente responsables. Ha surgido un fuerte movimiento para que las universidades preparen a los futuros gerentes como personas éticas, para que las tecnologías que les entregan no sean manejadas contra el interés colectivo. La sensación predominante es que si no hay garantías éticas, no hay confianza, y sin ella las bases del sistema económico vigente tiemblan (Bernardo Kliksberg: *Después de Enron*).

Esto se deriva de la ampliación del concepto de responsabilidad social, originariamente utilizado como *necesario principio regulador de la actividad empresaria*, considerando las consecuencias que provoca en su entorno social. En ese sentido, la noción de responsabilidad social remite, en primer lugar, a una *gestión equilibrada de los impactos* que la actividad empresaria genera en los distintos públicos vinculados con ella en forma directa, así como a su influjo que afecta a terceros no relacionados directamente, como es el caso típico de los daños producidos a causa de la contaminación ambiental.

El *salto conceptual* que implica la ampliación del campo de la responsabilidad social es concordante con una perspectiva orientada a la articulación sustentable entre democracia y capitalismo, cuyas trayectorias de evolución han mostrado no pocos puntos de contradicción entre las prácticas, intereses e instituciones en las que se encarnan una y otro. Esto hace extensiva la noción de responsabilidad social a todo individuo u organización comprendidos en ese marco, que atraviesa transversalmente la realidad contemporánea y que abarca a una creciente porción de la población en la actualidad.

6.
Comunicaciones

El *caso Enron* no fue ni el primero ni el más importante en cuanto a sus alcances, en comparación con otros ejemplos mundiales. Lo significativo de Enron fue que sucedió en pleno despliegue de la globalización de las comunicaciones. Fue el primer caso resonante en la opinión pública mundial, en la etapa inaugurada por la aparición de Internet y donde los negocios realizados a través de plataformas virtuales formaron parte, de manera sustantiva, de una burbuja especulativa que estallaría inexorablemente.

De todas formas, la globalización de las comunicaciones es también un camino de ida y vuelta, es invasiva para todos. Se ha configurado un escenario virtual cuyos reflectores tienden a iluminar compulsivamente hasta el rincón más oscuro del planeta: todo puede cobrar visibilidad frente al ojo del *gran hermano* que lo reproduce al infinito en la comunicación globalizada, que lo refleja en todo tipo de pantallas.

El universo envolvente y orgánico creado por las nuevas tecnologías del medio eléctrico, anticipado por McLuhan, se materializa en los medios masivos de comunicación audiovisual. Las pantallas exhiben tanto la fama como la infamia, el prestigio y el desprestigio, en imágenes de alta definición y alto contraste, requisito básico de la comunicación masiva, y ponen a competir a las empresas en el *mercado de la opinión pública*.

La ya remanida frase, en su momento dirigida a los empresarios, "No hagan nada que no quieran ver en la portada del *New York Times*" se ha convertido en "No hagan nada que no quieran ver en Internet, en la CNN, potencialmente en todos los diarios y en todos los informativos del mundo".

La reputación, un buen nombre que se transforma en buena marca, es –hoy más que nunca antes– uno de los valores intangibles fundamentales de la empresa, en una etapa signada por el predominio de una economía de la información, donde el conocimiento protagoniza la creación de valor económico a escala global.

Pero, como hemos dicho, también es cierto que no fue el primer caso de su especie ni marca el inicio de la discusión en torno de la responsabilidad social de las organizaciones. Ya el siglo xx había mostrado una agenda nutrida al respecto, con propensión creciente hacia la segunda mitad del siglo, en cuyo transcurso se fue configurando el mundo actual.

En ese contexto, sin duda puede establecerse el llamado Consenso de Washington como un verdadero punto de inflexión. Este "Consenso" –que fue excluyente fuera del Fondo Monetario Internacional (FMI), el Banco Mundial, algunos representantes académicos del *stablishment*, el tesoro estadounidense y el gobierno de EE.UU.– le debe su nombre al economista John Williamson, quien lo acuñara en una conferencia del *Institute for International Economics* en 1989, y consiste en diez medidas económicas que supuestamente debían llevar a la práctica los países "en vías de desarrollo" como una supuesta garantía para el crecimiento económico. Estas medidas en que, para el economista Joseph Stiglitz, se sintetizan las características de lo que él llamó "fundamentalismo de mercado" incluían: establecer disciplina fiscal; priorizar el gasto público en educación y salud; llevar a cabo una reforma tributaria; establecer tasas de interés positivas determinadas por el mercado; lograr tipos de cambio competitivos; desarrollar políticas comerciales liberales; mayor apertura a la inversión extranjera; privatizar las empresas públicas; llevar a cabo una profunda desregulación; y garantizar la protección de la propiedad privada.

Rápidamente se convirtió en el evangelio de los organismos internacionales, al cual debieron adscribir los gobiernos de América Latina y, entre ellos, la Argentina, con los resultados perniciosos conocidos por todos.

Especialmente en lo relativo a un creciente endeudamiento externo, la disminución de las capacidades de acción estatal y una mayor inequidad en la distribución del ingreso, como consecuencia de la fuerte injerencia que los organismos internacionales ejercieron en la definición y ejecución de las políticas de los países en cuestión.

Hacia 2003 y frente al fuerte descrédito experimentado por las consecuencias catastróficas de su implementación, Williamson no dudó en ratificar su defensa de las privatizaciones impulsadas por el Consenso de Washington:

> No acepto el argumento que dice que la mayoría de las privatizaciones no funcionaron en América latina. Al contrario, las evaluaciones más serias han concluido en que la mayoría fue benéfica para la gente y sus bolsillos. Desafortunadamente, hubo casos en los que el proceso de privatización fue corrupto, y a las empresas privatizadas se les permitió mantener una posición monopólica, sin regulaciones. Por estos casos, los programas de privatización se vieron desacreditados a la vista de algunas personas.

La globalización incrementó a una velocidad notable el contraste de las desigualdades hacia el interior de los cuerpos sociales. Esto se ha verificado especialmente en América Latina, el espacio geográfico con mayor desigualdad en el planeta.

Ese cada vez más notorio protagonismo de las organizaciones mercantiles contribuyó a generar las condiciones para una suerte de "fin de la inocencia" para las organizaciones en general.

Las primeras décadas del siglo XXI tienden a consolidarse como una zona de turbulencias, un espacio de incertidumbre, y por ello, en perspectiva, en un espacio para la construcción, para que el presente se parezca cada vez menos a lo peor del pasado.

7.
Aquel modelo industrial

Fue durante el período que se inaugura con la denominada revolución industrial, a partir del siglo XVIII y a lo largo del siglo XIX en Europa, que emerge el modelo de la *fábrica* como una forma organizacional que marcaría tendencias no sólo en el campo de las relaciones productivas, sino que haría extensiva su influencia a otros aspectos de la sociedad occidental y cuyos efectos mantienen cierta vigencia aun en nuestros días.

La aparición de la máquina de vapor —a partir de la cual surgirían los primeros establecimientos fabriles en Inglaterra, Francia e Italia— puede considerarse un hito fundacional de cierta modernidad capitalista que fue acelerando el ritmo de las transformaciones que dieron lugar a una nueva etapa en la historia de la humanidad.

Si bien la aparición de las grandes empresas de negocios es anterior al orden industrial y surgen vinculadas con la apertura del comercio internacional, es a partir del industrialismo cuando comienzan a difundirse en cuanto formato organizacional predominante de la faz productiva de la actividad económica, para convertirse en un verdadero modelo para el conjunto de las instituciones de la vida social. Tornan universales sus principios de uniformidad, centralización, máximo rendimiento, concentración y burocratización.

Como señala Alvin Toffler, en un texto recopilado en su libro *La creación de una nueva civilización*, de 1994:

> Muchos de estos cambios fueron impulsados por un nuevo modo de crear riqueza, la producción fabril. Y antes de que transcurriera mucho tiempo se integraron para formar un sistema numerosos elementos diferentes: la fabricación en serie, el consumo masivo, la educación universal y los medios de comunicación, ligados todos y atendidos por instituciones especializadas: escuelas, empresas y partidos políticos. Hasta la estructura familiar abandonó la amplia agrupación de estilo agrario, que reunía a varias generaciones, por la pequeña familia nuclear, típica de las sociedades industriales.

La aparición de los establecimientos fabriles impactó fundamentalmente en la llamada cuestión social, la que desde entonces comenzó a vincularse con la institución del salariado, un devenir que nadie pintó como Robert Castel en su libro *La metamorfosis de la cuestión social*.

Es justamente en el contexto de los grandes establecimientos industriales, en las fábricas, donde se constituye el perfil característico del sindicalismo, que asimiló la figura del trabajador a la del obrero industrial.

La organización del sindicalismo y su institucionalización en torno de las luchas obreras puede considerarse uno de los primeros antecedentes de la demanda de responsabilidad social hacia las empresas, como consecuencia del *abuso de posición dominante* que detentan en los mercados, en esta primera instancia, laborales.

La maduración del orden industrial llevó a una segunda etapa, hacia finales del siglo xix, que prefiguró el advenimiento de la denominada sociedad de masas que marcaría la primera mitad del siglo xx en los países centrales y determinaría, en gran medida, su relación con la periferia.

Hablamos de una sociedad de masas que paulatinamente sería reconocida como *sociedad de consumo*, donde la participación social en la economía se fue trasladando del trabajo al consumo. Todo esto sucedía al compás del crecimiento de los volúmenes de producción debido, fundamentalmente, a un creciente protagonismo de la máquina y a un avance de la automatización de los procesos.

La aparición de organizaciones destinadas a la defensa de los derechos de los consumidores en los países centrales desde comienzos del siglo xx, puede ser considerado, entonces, como un segundo antecedente de la demanda de responsabilidad social a las empresas, esta vez relacionada con los abusos de posición dominante en los mercados de consumo.

Esos mercados de consumo son la base del mercado global, su basamento material. Porque sin usuarios, sin esos consumidores llamados "finales", que son quienes se hacen cargo de los gastos en última instancia, el resto de la organización económica del mercado global no tendría razón de ser. Pero los consumidores no son homogéneos y además tienen diferentes categorías según su capacidad de consumo.

8.
Ciudadanías

Si a partir del *caso Enron* un manto de duda se tendió sobre el conjunto de la actividad empresaria (con más fuerza en los países del Norte), la demanda de una mayor ética fue cobrando cuerpo, al tiempo que se configuraba un sostenido cuestionamiento del proceso globalizador en estas condiciones, haciendo necesario un replanteo de las reglas de juego, al menos como proceso relegitimador, no necesariamente producto de una mayor conciencia social.

Emerge de esta manera lo que –al menos potencialmente– configura una alternativa de sustentabilidad, la alternativa de la responsabilidad social, frente a la pérdida de autoridad de la política y a los ostensibles abusos del poder económico, en un mundo donde crecen de manera incesante la pobreza, la desigualdad, la injusticia y la brecha en la distribución de los beneficios, así como los costos que el sistema le depara a todo el conjunto.

Este nuevo paradigma de la responsabilidad social implica asumir la democracia como el ámbito común de la responsabilidad colectiva, cuyo núcleo está constituido por la ciudadanía, entendida como el "derecho a tener derechos" por parte de los integrantes de la comunidad, pero asimismo como la práctica activa por parte de los ciudadanos en la consolidación del estado de derecho que lo hace posible. Es una participación activa que reconoce la premisa propuesta por Zygmunt Bauman en su libro *En busca de la política*, según la cual la única forma de garantizar los *derechos individuales* es a través de la *acción colectiva* de los propios interesados.

El carácter nuclear de la ciudadanía en la democracia, por su retroalimentación con el estado de derecho, particularmente en "democracias de baja intensidad" como las latinoamericanas, implica que, en la medida que esa ciudadanía no se consolide, la democracia corre el riesgo de terminar girando en el vacío.

Por otra parte, esto significa reconocer que esa responsabilidad que implica la ciudadanía no se distribuye en la sociedad de manera uniforme ni homogénea, ya que refiere a las relaciones sociales en cuanto a los efectos, los impactos, las consecuencias que de ellas se derivan. Estos antecedentes completan su curso en la segunda mitad del siglo xx, ya en el marco de la transición a un nuevo orden, en rigor todo un cambio de paradigma signado por la evolución tecnológica y particularmente de las comunicaciones.

El deterioro del entorno natural –que da lugar al denominado "pasivo" ambiental– resultó cada vez más evidente como consecuencia de una concepción cuyos efectos terminaron por relativizar la fe en un progreso indefinido, con criterios empresariales de explotación industrial, irresponsables e indiferentes de las consecuencias.

El agotamiento de los recursos naturales, así como la contaminación del agua, el aire y el suelo llamaron la atención de diversos grupos ambientalistas y dieron entidad al movimiento ecologista. Este proceso desembocó en la realización de la *Conferencia de las Naciones Unidas sobre el Medio Humano*, que tuvo lugar en Estocolmo del 5 al 16 de junio de 1972, un reconocimiento histórico a los costos del desarrollo tal como se lo entendía hasta entonces.

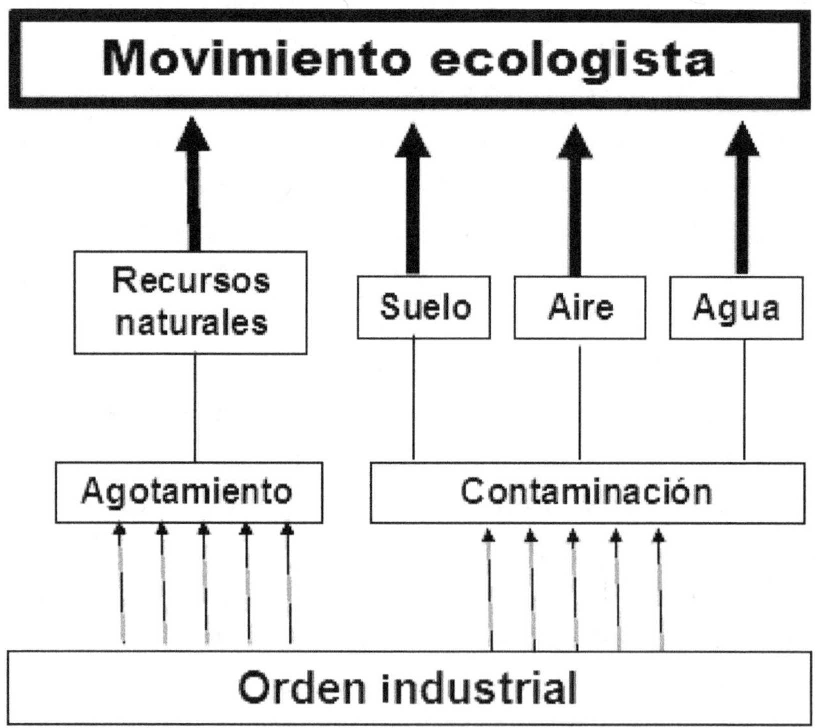

Una de las personalidades que venía siguiendo la evolución de la preocupación ambiental era Juan Domingo Perón, por entonces en su exilio europeo, quien sintetizó su posición al respecto por primera vez en su *Mensaje a los pueblos y gobiernos del mundo*, también de 1972.

En el apartado "Qué hacer", realiza una serie de apreciaciones que aún hoy conservan una actualidad que para muchos puede resultar sorprendente:

Si se observan en su conjunto los problemas que se nos plantean y que hemos enumerado, comprobaremos que provienen tanto de la codicia y la imprevisión humana, como de las características de algunos sistemas sociales, del abuso de la tecnología, del desconocimiento de las relaciones biológicas y de la progresión natural del crecimiento de la población humana. Esta heterogeneidad de causas debe dar lugar a una heterogeneidad de respuestas, aunque en última instancia tenga como denominador común la utilización de la inteligencia humana. A la irracionalidad del suicidio colectivo debemos responder con la racionalidad del deseo de supervivencia.

Para poner freno e invertir la marcha hacia el desastre es menester aceptar algunas premisas:

1. Son necesarias y urgentes: una revolución mental en los hombres, especialmente en los dirigentes de los países más altamente industrializados; una modificación de las estructuras sociales y productivas en todo el mundo, en particular en los países de alta tecnología donde rige la economía de mercado, y el surgimiento de una convivencia biológica dentro de la humanidad y entre la humanidad y el resto de la naturaleza.

2. Esa revolución mental implica comprender que el hombre no puede reemplazar a la naturaleza en el mantenimiento de una adecuado ciclo biológico general; que la tecnología es un arma de doble filo; que el llamado progreso debe tener un límite y que incluso habrá que renunciar a algunas de las comodidades que nos ha brindado la civilización; que la naturaleza debe ser restaurada en todo lo posible, que los recursos naturales resultan agotables y por lo tanto deben ser cuidados y racionalmente utilizados por el hombre; que el crecimiento de la población debe ser planificado sin preconceptos de ninguna naturaleza, que por el momento más importante que planificar el crecimiento de la población es aumentar la producción y mejorar la distribución de alimentos y la difusión de servicios sociales como la educación y la salud pública, y que la educación y el sano esparcimiento deberán reemplazar el papel que los bienes y servicios superfluos juegan actualmente en la vida del hombre.

3. Cada nación tiene derecho al uso soberano de sus recursos naturales. Pero, al mismo tiempo, cada gobierno tiene la obligación de exigir a sus ciudadanos el cuidado y utilización racional de los mismos. El derecho a la subsistencia individual impone el deber hacia la supervivencia colectiva, ya se trate de ciudadanos o pueblos.

4. La modificación de las estructuras sociales y productivas en el mundo implica que el lucro y el despilfarro no pueden seguir siendo el motor básico de sociedad alguna, y que la justicia social debe erigirse en la base de todo sistema, no sólo para beneficio directo de los hombres sino para aumentar la

producción de alimentos y bienes necesarios; consecuentemente, las priorida-
des de producción de bienes y servicios deben ser alteradas en mayor o menor
grado según el país de que se tratare. En otras palabras: necesitamos nuevos
modelos de producción, consumo, organización y desarrollo tecnológico que, al
mismo tiempo que den prioridad a la satisfacción de las necesidades esenciales
del ser humano, racionen el consumo de recursos naturales y disminuyan al
mínimo posible la contaminación ambiental.

5. Necesitamos un hombre mentalmente nuevo en un mundo físicamente
nuevo. No se puede construir una nueva sociedad basada en el pleno desarrollo
de la personalidad humana en un mundo viciado por la contaminación del
ambiente, exhausto por el hambre y la sed y enloquecido por el ruido y el
hacinamiento. Debemos transformar a las ciudades cárceles del presente en
las ciudades jardines del futuro.

6. El crecimiento de la población debe ser planificado, en lo posible de
inmediato, pero a través de métodos que no perjudiquen la salud humana,
según las condiciones particulares de cada país (esto no rige para la Argentina,
por ejemplo) y en el marco de políticas económicas y sociales globalmente
racionales.

7. La lucha contra la contaminación del ambiente y de la biosfera, con-
tra el despilfarro de los recursos naturales, el ruido y el hacinamiento de
las ciudades y el crecimiento explosivo de la población del planeta, debe
iniciarse ya a nivel municipal, nacional e internacional. Estos problemas, en
el orden internacional, deben pasar a la agenda de las negociaciones entre
las grandes potencias y a la vida permanente de las Naciones Unidas con
carácter de primera prioridad. Éste, en su conjunto, no es un problema más
de la humanidad, es el problema.

8. Todos estos problemas están ligados de manera indisoluble con el de la
justicia social, el de la soberanía política y la independencia económica del
Tercer Mundo, y la distensión y la cooperación internacionales.

9. Muchos de estos problemas deberán ser encarados por encima de las
diferencias ideológicas que separan a los individuos dentro de sus sociedades
o a los estados dentro de la comunidad internacional.

En el mundo se establecía con claridad que no era cualquier desarrollo
el que hacía falta, sino uno que partiera de comprender el hecho de que la
humanidad no cuenta con dos planetas, uno para contaminar y otro para
habitar. El encuentro en Estocolmo se trató, sin duda, de un paso importante
hacia la creación de una conciencia planetaria, lo que implica, a su vez, una
toma de conciencia como *especie*.

9.
Gurúes I

El siglo pasado fue tiempo de grandes transformaciones. Transformaciones con raíces en la revolución industrial inglesa y la revolución política que tuvo lugar tanto en Francia como en los Estados Unidos hacia el final del siglo XVIII. Pero durante el siglo veinte esas transformaciones se multiplicaron en un ritmo acelerado que cambió radicalmente el contexto social en el transcurso de la vida de unas pocas generaciones.

Es así que, visto en perspectiva, el siglo XX cobra la forma de una sucesión de transformaciones económicas, que fueron a desembocar en la etapa conocida con el nombre de "globalización". Esa "globalización" de carácter económico se configura como un nuevo orden mundial donde el comercio atraviesa todas las esferas de la vida cotidiana de las poblaciones humanas. Es el orden global en cuyo contexto se desarrollan los acontecimientos del incipiente siglo veintiuno que empezamos a transitar.

Pero es durante la segunda mitad del siglo XX, cuando las transformaciones de las relaciones sociales fueron acelerándose, que nos encontramos con el escenario de un importante desarrollo en las ciencias de la administración y de otras relacionadas directamente con el quehacer empresario y económico en general.

Esos cambios generaron a sus propios intelectuales. Aunque también es cierto que esos intelectuales contribuyeron en gran medida a consolidar el rumbo de esos cambios. Teóricos y cronistas de las transformaciones, abanderados de la verdad revelada de los tiempos por venir se convirtieron en los profetas del nuevo orden, donde las organizaciones iban cobrando un protagonismo cada vez mayor.

Entre esos gurúes que hicieron época, Peter Drucker sobresalió por la amplitud de su influencia a lo largo de más de medio siglo. Su obra alcanzó una trascendencia innegable, contribuyendo a definir el perfil tanto de su tiempo como del nuestro. Esto lo ha convertido en una referencia insoslayable, más allá de acuerdos o desavenencias que se pueda tener con sus argumentaciones, en las cuestiones fundamentales que hacen a la naturaleza y el lugar de las organizaciones en la sociedad contemporánea, entre los cuales se sitúa la *responsabilidad social*.

Los abusos de la posición dominante por parte de las grandes empresas habían generado una cada vez más resonante demanda de responsabilidad social por parte de crecientes sectores de la sociedad norteamericana.

Diversos escándalos habían sido protagonizados por algunas de las principales corporaciones promediando la década de los '60. La misma década en la que la figura de Ralph Nader cobró notoriedad a través de su sostenida acción en la defensa de los intereses de los consumidores estadounidenses, que brindaría una inédita visibilidad pública a estas cuestiones.

El tibio entusiasmo que campea los últimos textos de Drucker respecto de la idea de la responsabilidad social empresaria, en momentos anteriores de su producción intelectual se evidenciaba claramente como un rechazo.

Es el caso de un libro suyo de 1968, *La era de la discontinuidad* –donde llegaba a afirmar que "es una exigencia moral para la empresa mercantil convertir en negocio lucrativo la satisfacción de las necesidades y carencias sociales"–, valioso entre otras cosas por sus reflexiones en torno de la cuestión organizacional desde diversos puntos de vista y atacando diferentes cuestiones relacionadas con ella. Allí desarrolló un contrapunto conceptual entre la responsabilidad social de las empresas y la de las universidades, entre otras organizaciones de lo que llamaba "el nuevo pluralismo", para establecer la diferencia con una situación previa donde el Estado dominaba el tejido organizacional de las sociedades.

En el capítulo "Hacia una teoría de las organizaciones" frente a la demanda de responsabilidad social empresaria, a la que caracteriza como "el tópico favorito de periodistas, jefes de empresas, políticos y escuelas comerciales", aceptaba que "la ética de la organización es realmente un punto de interés esencial de nuestra época" pero su argumento se centraría en el hecho de que esto no sería válido exclusivamente para las empresas comerciales sino que debía hacerse extensivo al conjunto de las organizaciones que constituían aquél "nuevo pluralismo" al que hacía referencia.

Cabe destacar que se trata de un pluralismo distinto al concepto más usual en nuestros días, que se refiere a la diversidad de ideas en el marco de una cultura democrática. Lo dice en otro de sus libros, *Las nuevas realidades*,

> Hace ciento cincuenta años, las tareas sociales, o no se llevaban a cabo en modo alguno o se realizaban básicamente en y por la familia –fueran éstas de crianza y educación de los niños o el cuidado de los enfermos o de los ancianos–. Ahora las tareas sociales se realizan, de modo creciente, por medio de instituciones organizadas: la empresa, el sindicato, el hospital y el sistema de sanidad, la guardería infantil, la escuela, la universidad y otras semejantes.

Complementariamente, aquel "pluralismo" de Drucker tenía como contrapartida una concepción del Estado circunscripta al papel de formular reglas y ejercer de árbitro. En esa visión se le restringe al Estado la posibilidad de una participación activa, especialmente en el campo de las relaciones económicas, una perspectiva alineada con la visión tradicional de los economistas clásicos liberales que poco tiempo después pasaría a integrar el catecismo neoliberal para las décadas siguientes.

De esta manera, al Estado le correspondería meramente el establecimiento de los objetivos sociales, para luego dar lugar y oportunidades a las otras instituciones que se desenvuelven en el marco comunitario a fin de que sean éstas las que sirvan directa y activamente a la sociedad. En rigor, un Estado funcional al mercado.

Algo congruente con "la reconstrucción del Estado" propugnada por Francis Fukuyama en uno de sus últimos libros, que resultó no ser otra cosa que lo necesario para el rescate de las entidades financieras en la *próxima pasada* coyuntura de crisis global.

El pluralismo de Drucker refiere al que surge de la aparición de esa multitud de instituciones –sociales, económicas y políticas– en cuanto organizaciones intermedias, entre los individuos –aislados o los grupos sociales en los que se integran– y el Estado como representación del conjunto. Los individuos se vinculan con aquéllas con el objeto de atender sus múltiples necesidades.

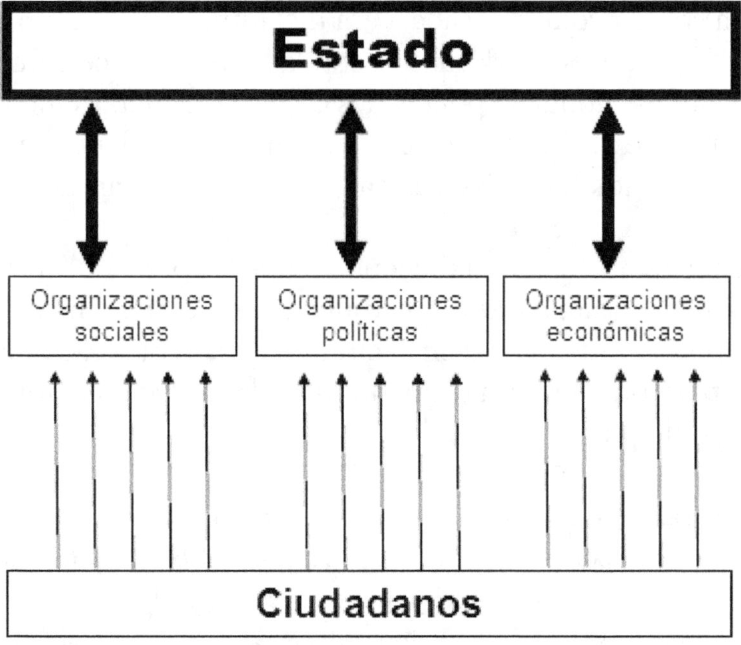

El "Nuevo pluralismo" de Drucker

Pero volvamos a *La era de la discontinuidad,* donde Drucker focalizaba su cuestionamiento en la institución universitaria:

> La menos responsable de todas nuestras grandes instituciones de la época no es la empresa mercantil, es la universidad. Es, de todas nuestras instituciones, la que probablemente tiene el más grande efecto social. Tiene una posición monopolista que no ocupa ninguna otra institución. Una vez que un joven ha terminado su instrucción superior, encuentra ante sí una multitud de carreras a escoger; pero, hasta ese momento, es la instrucción quien lo gobierna y controla su acceso a toda clase de preferencias: la gran compañía comercial, el servicio civil, las profesiones, el hospital, y así sucesivamente. No obstante, la universidad ni siquiera se ha percatado de que tiene poder; no se ha dado cuenta de que produce un efecto y que, por tanto, tiene un problema de responsabilidad.

La realidad de la universidad en América latina, como si fuera necesario aclararlo, es muy distinta a la del sistema universitario que provocaba el cuestionamiento de Drucker. Sin ir más lejos, un par de años atrás –en 1966– había tenido lugar en la Argentina uno de los tantos golpes cívico-militares que eran frecuentes en el paisaje latinoamericano de la época. La dictadura encabezada por Juan Carlos Onganía había tardado poco menos de un mes en reconocer el efecto que producía una Universidad identificada y comprometida con los intereses del país y su población. En un alarde de la naturaleza colonial que animaba a esa dictadura, se inició un proceso de destrucción de la universidad pública con la tristemente célebre "Noche de los bastones largos" donde la policía desalojó por la fuerza cinco facultades de la Universidad de Buenos Aires, reprimiendo violentamente tanto a las legítimas autoridades universitarias, como a estudiantes, profesores y graduados.

Finalmente, también amerita reconocer que la aparición, en 1992, de su libro *La sociedad poscapitalista* implicó una suerte de legitimación del concepto de responsabilidad social en el circuito de las corporaciones globales, que lo incorporaron como un elemento más del universo empresario. Allí, el autor comenta que

> La sociedad de las organizaciones, la sociedad del saber, exige una organización basada en la responsabilidad. Las organizaciones deben responsabilizarse de los límites de su poder, esto es del punto en el cual deja de ser legítimo el ejercicio de sus funciones. Las organizaciones deben asumir responsabilidad social; no hay nadie más en la sociedad de las organizaciones que pueda cuidar de la sociedad misma. No obstante, deben hacerlo responsablemente, esto es dentro de

los límites de su competencia y sin poner en peligro su capacidad de funciona-miento. (…) Finalmente, las organizaciones mismas deben construirse sobre la responsabilidad interior más que sobre el poder o las órdenes y el control.

Con esta corrección de su perspectiva histórica, Drucker habilitaría tanto desarrollos conceptuales como prácticas relacionadas con la noción de responsabilidad social desde el interior de las organizaciones, naturalizándola y dejando de lado su apreciación como algo ajeno e impropio para incorporarlas a un nuevo esquema de negocios, más atento a los requerimientos de los mercados actuales.

10.
Gurúes II

Entre la aparición de *La era de la discontinuidad* y *La sociedad poscapitalista* de Peter Drucker que citamos precedentemente, tenía lugar la publicación de un artículo relativamente breve de Milton Friedman. Que no es otro que el padre del monetarismo, el que a través de la conocida como Escuela de Chicago luego resultaría algo más que el inspirador del modelo económico de la dictadura de Pinochet en Chile y cuya influencia alcanzaría también al modelo de Martínez de Hoz, paradigmático *primer ministro* de Economía de la última dictadura en la Argentina.

Más allá de la brevedad del artículo, lo consideramos particularmente relevante desde el momento que sintetiza los tópicos de la oposición más virulenta a la creciente demanda de responsabilidad social dirigida a las organizaciones empresarias y a quienes cumplen la función de dirigirlas.

Es por esto, y por tratarse de un texto que no es conocido en nuestro idioma en la medida de su importancia, que evaluamos apropiado dedicar las páginas siguientes a la traducción de la mayor parte de su contenido.

Nos referimos a la nota que llevó por título "The Social Responsibility of Business is to Increase its Profits" (La responsabilidad social de los negocios es incrementar sus beneficios), publicado por *The New York Times Magazine*, el 13 de septiembre de 1970, que comenzaba diciendo:

> Cuando escucho a los empresarios hablar de manera elocuente sobre la "responsabilidad social de los negocios en un sistema de libre empresa", me acuerdo de una maravillosa frase acerca de un francés que descubrió, a sus 70 años, que había estado hablando en prosa toda su vida. Los hombres de negocios creen que están defendiendo la libre empresa cuando declaman que los negocios no conciernen "solamente" las ganancias, sino también la promoción de fines "sociales" deseables; que los negocios tienen "conciencia social" y toman en serio sus responsabilidades de proveer empleo, eliminar la discriminación, evitar la polución, y todo lo demás que pueda ser el lema de la contemporánea cosecha de renovadores. De hecho, están —o estarían si ellos o cualquier otro los tomara

en serio– predicando el puro e inalterado socialismo. Los hombres de negocios que hablan de este modo son involuntarias marionetas de las fuerzas intelectuales que han minado las bases de una sociedad libre en las décadas pasadas. Las discusiones en torno de las "responsabilidades sociales en los negocios" son notables por su precariedad analítica y su falta de rigor. ¿Qué significa decir que los "negocios" tienen responsabilidades? Sólo las personas podemos tener responsabilidades. Una corporación es una persona artificial y, en este sentido, puede tener responsabilidades artificiales, pero no puede decirse que los "negocios" en su conjunto tengan responsabilidades, incluso en este vago sentido.

Se trata de un texto paradigmático por resumir la posición adversa de las grandes corporaciones de ese momento a esta temática y que por esto se convirtió en una referencia obligada de quienes defienden esta posición propia del conservadurismo más rancio, reciclado luego con maquillaje neoliberal.

Continuaba Friedman argumentando por qué no correspondía reclamar responsabilidad social a los ejecutivos de las empresas, sencillamente porque no se encontraba entre sus atribuciones:

Presumiblemente, los individuos que deben ser responsables son los hombres de negocios, o sea, propietarios individuales o ejecutivos de corporaciones .La mayoría de las discusiones sobre responsabilidad social está dirigida a corporaciones; por eso, en adelante, descartaré el término propietarios individuales y hablaré de ejecutivos de corporaciones.

En una sociedad de libre empresa, en un sistema de propiedad privada, el ejecutivo de una corporación es un empleado de los dueños del negocio. Ha dirigido la responsabilidad hacia sus empleadores. Esa responsabilidad consiste en conducir el negocio en concordancia con los deseos de aquéllos, que, generalmente, serán hacer la mayor cantidad de dinero posible mientras que conforme a las reglas básicas de la sociedad, tanto las incorporadas a la ley, como las incorporadas a la aduana ética. Claro que, en algunos casos, sus empleadores pueden tener un objetivo distinto. Un grupo de personas tal vez pueda establecer una corporación con un propósito caritativo (por ejemplo, un hospital o una escuela). El gerente de esa corporación no tendrá como fin la ganancia monetaria, sino la representación de ciertos servicios.

En cualquier caso, el punto clave es que, en su capacidad de ejecutivo de una corporación, el gerente es el agente de los individuos que poseen la corporación o establecen la institución caritativa, y su responsabilidad primordial es con ellos. No hace falta decir que esto no significa que sea fácil juzgar cuán bien está realizando su tarea. Pero al menos el criterio de funcionamiento es directo, y las personas entre quienes existe un arreglo contractual voluntario son bien definidas.

Por supuesto, el ejecutivo de una corporación es también una persona en su propio derecho. Como persona, puede tener muchas otras responsabilidades que él reconoce o asume voluntariamente (hacia su familia, su conciencia, sus sentimientos de caridad, su iglesia, sus lugares de pertenencia, su ciudad, su país). Él puede sentirse impulsado por estas responsabilidades a destinar parte de sus ingresos a causas que considera valiosas, a rechazar trabajar para ciertas corporaciones, incluso dejar su trabajo, por ejemplo, para unirse a las fuerzas armadas de su país.

Si lo deseamos, podemos referirnos a algunas de estas responsabilidades como "responsabilidades sociales". Pero, en este sentido, él está actuando como el actor principal, no como agente; está gastando su propio dinero o tiempo o energía, no el dinero de su empleador o el tiempo o la energía de quienes lo han contratado para dedicarse a sus propósitos. Si éstas son "responsabilidades sociales", se trata de responsabilidades sociales de individuos, no de empresas.

¿Qué significa decir que un ejecutivo de una corporación tiene una "responsabilidad social" por su capacidad de empresario? Si esta declaración no es retórica pura, debe significar que él debe actuar de algún modo que no está en el interés de sus empleadores. Por ejemplo, que se abstenga de aumentar el precio del producto para contribuir al objetivo social de prevenir la inflación, aun cuando un precio en alza estuviera entre los más altos intereses de la corporación. O que él debe realizar gastos en reducir la contaminación más allá de la cantidad que está entre los mejores intereses de la corporación, o que es requerido por ley con el fin de contribuir al objetivo social de mejorar el ambiente. O que, a expensas de las ganancias de la empresa, él debe contratar a desempleados "duros" en lugar de a trabajadores disponibles mejor calificados, para contribuir al objetivo social de reducir la pobreza.

En cada uno de estos casos, el ejecutivo de una corporación estará gastando el dinero de otro para intereses sociales generales. En cuanto sus acciones de acuerdo con sus "responsabilidades sociales" reduzcan las retribuciones a los accionistas, estará gastando el dinero de aquéllos.

En cuanto sus acciones aumenten el precio a sus clientes, él estará gastando el dinero de sus clientes. En cuanto sus acciones bajen los salarios de algunos empleados, él estará gastando el dinero de ellos. Los accionistas o los clientes o los empleadores pueden, separadamente, gastar su propio dinero en las acciones particulares si desean hacerlo.

El ejecutivo está ejercitando una diferente "responsabilidad social", en vez de servir como agente de los accionistas, de los clientes o de los empleadores, sólo si gasta el dinero de un modo distinto del que ellos lo gastarían. Pero si hace esto, él está, de hecho, estableciendo impuestos, por un lado, y decidiendo cómo el ingreso de impuestos debiera gastarse, por otro lado.

Pero lo que para Friedman configuraba la aberración de la responsabilidad social, no escatimaba aristas políticas e incluso ideológicas a la cuestión:

Este proceso aumenta las preguntas políticas en dos niveles: principio y consecuencias. En el nivel del principio político, la imposición de impuestos y el gasto del ingreso de impuestos son funciones del gobierno.

Se han establecido prescripciones constitucionales, parlamentarias y judiciales para controlar estas funciones, para asegurar que los impuestos han sido aplicados tanto como es posible en concordancia con las preferencias y deseos del público –después de todo, "impuestos sin representación" fue uno de los gritos de guerra de la Revolución Norteamericana.

Tenemos un sistema de controles y contrapesos para separar la función legislativa de imponer impuestos y decretar gastos, de la función ejecutiva de recolectar impuestos y administrar programas de gastos y de la función de mediar en disputas e interpretar la ley. Aquí el empresario –autoelegido o designado, de forma directa o indirecta, por los accionistas– debe ser simultáneamente legislador, empresario y jurista. Debe decidir a quién exigirle el pago de impuestos, por cuánto y para qué propósito, y debe gastar los ingresos –todo esto guiado sólo por las exhortaciones generales desde arriba para refrenar la inflación, mejorar el ambiente, luchar contra la pobreza y así sucesivamente.

Toda la justificación de permitir que el ejecutivo de una corporación sea elegido por los accionistas es que el ejecutivo es un agente al servicio de los intereses de ellos. Esta justificación desaparece cuando el ejecutivo de una corporación impone impuestos y gasta ingresos en propósitos sociales. Se convierte de hecho en un empleado público, un funcionario, aunque siga teniendo el nombre de un empleado de una empresa privada. Por razones de principio político, es intolerable que tales funcionarios –en la medida en que sus acciones en nombre de la responsabilidad social sean verdaderas, y no apenas una pantalla– deban ser seleccionados como se hace ahora. Si son funcionarios, entonces deben ser elegidos mediante un proceso político. Si van a imponer impuestos y efectuar gastos para fomentar objetivos "sociales", entonces la maquinaria política debe fijarse en hacer el gravamen de impuestos y determinar, a través de un proceso político, los objetivos a alcanzar.

Ésta es la razón básica de por qué la doctrina de la "responsabilidad social" implica la aceptación de la visión socialista de que los mecanismos políticos, no los mecanismos del mercado, son la manera apropiada de determinar la asignación de los recursos escasos para usos alternativos. Sobre la base de las consecuencias,

¿puede un ejecutivo de una corporación efectivamente descargar sus alegadas "responsabilidades sociales"?

Por otro lado, supongamos que pudiera gastar el dinero de los accionistas, de los clientes o de los empleados. ¿Cómo hace para saber cómo gastarlo? Le dicen que él debe contribuir a la lucha contra la inflación. Presumiblemente es un experto en manejar su compañía (generar un producto o venderlo o financiarlo). Pero nada de su selección lo hace un experto en inflación. ¿La fuerza por mantener el precio de su producto podrá reducir la presión inflacionaria? ¿O, dejando en las manos de sus clientes más poder de gasto, simplemente desviándolo a otra parte?

¿O, empujándolo a producir menos debido a un precio más bajo, simplemente contribuirá a generar desabastecimiento? Incluso si pudiera contestar estas preguntas, ¿qué costo está justificando el ejecutivo de una corporación imponiéndoles a sus accionistas, clientes o empleados estos propósitos sociales? ¿Qué parte le corresponde a él y qué parte les corresponde a los otros?

Y, quiera o no, ¿puede gastar el dinero de los accionistas, de los clientes o de los empleados? ¿No lo despedirán los accionistas (los actuales o los que asuman cuando sus funciones, en nombre de la responsabilidad social, hayan reducido las ganancias de la corporación y el precio de su acción)? Sus clientes y sus empleados pueden abandonarlo por otros productores y empleadores menos escrupulosos en el ejercicio de sus responsabilidades sociales.

La dificultad de ejercitar la "responsabilidad social" muestra, por supuesto, la gran virtud de las empresas privadas competitivas: obliga a la gente a ser responsable de sus propias acciones y hace difícil que exploten a la otra gente para el propósito egoísta o altruista. Ellos pueden hacer el bien, pero sólo a sus propias expensas. (…) La situación de los propietarios individuales es un poco diferente. Si él actúa para reducir las retribuciones de su empresa para ejercitar su "responsabilidad social", él está gastando su propio dinero, no el dinero de otros. Si él desea gastar su dinero en tales propósitos, tiene derecho, y no logro ver ninguna objeción como para que no lo haga. En este proceso, él, también, puede imponer costos a empleados y clientes. Sin embargo, como es menos probable que él ejerza un poder monopólico similar al de una corporación, cualquier efecto secundario tenderá a ser de menor importancia.

Por supuesto, en la práctica, la doctrina de la responsabilidad social es frecuentemente un manto para acciones que se justifican en otros argumentos, más que en una razón de esas acciones.

Para ilustrarlo, bien puede a largo plazo ser interés de la corporación –que es un dirigente importante en cualquier comunidad pequeña– dedicar recursos a proporcionar atractivos para esa comunidad o mejorar su gobierno. Eso puede facilitar la captación de empleados deseables, puede reducir la cuenta de salario o disminuir pérdidas por hurto y sabotaje o tener otros efectos virtuosos. O tal vez, existiendo leyes acerca de la deductibilidad de contribuciones corporativas de caridad, los accionistas pueden contribuir más en las actividades benéficas que elijan, haciendo que la empresa regale, y no tanto haciéndolo ellos mismos, ya que, de este modo, logran contribuir en un monto que, de otra manera, debe ser pagado como impuestos corporativos.

En cada uno de estos casos –y en otros similares–, existe una fuerte tentación a racionalizar estas acciones como un ejercicio de "responsabilidad social". En el clima actual de opiniones, con su amplia y extendida aversión a las palabras como "capitalismo", "ganancias", "corporación sin alma" y todo eso, éste es un camino de una corporación para generar voluntad como un subproducto de gastos, que están enteramente justificados en su propio interés personal.

Sería inconsistente de mi parte llamar a ejecutivos de una corporación a refrenarse de esta pantalla hipócrita porque daña los fundamentos de la sociedad libre. ¡Eso sería llamarlos a ejercitar una "responsabilidad social"! Si nuestras instituciones, y las actitudes del público, lo hacen por su propio interés de tapar sus acciones de este modo, no puedo convocar a la indignación y denunciarlos. Al mismo tiempo, puedo expresar la admiración hacia esos propietarios individuales, o dueños de corporaciones dirigidas de cerca, o accionistas de las corporaciones más ampliamente dirigidas que desdeñan táctica tales como un fraude inminente.

Culpable o no, el empleo del manto de responsabilidad social, y las tonterías habladas en su nombre por el hombre de negocios influyente y prestigioso, claramente daña los fundamentos de la sociedad libre. Me ha impresionado una y otra vez el carácter esquizofrénico de muchos hombres de negocios. Ellos son capaces de ser sumamente clarividentes y perspicaces en los asuntos que son internos a sus negocios. Y son increíblemente miopes y se nublan en los asuntos que están fuera de sus negocios, pero afectan la posible supervivencia de los negocios en general.

Esta miopía está sorprendentemente ejemplificada en las llamadas de muchos hombres de negocios para el salario y los controles de precios o las políticas de ingresos o mandos. No hay nada que, en un breve período, pueda hacer más para destruir un sistema de mercado y sustituirlo por un sistema de control centralizado, que un efectivo control gubernamental de precios y salarios.

La miopía está también ilustrada en los discursos de los hombres de negocios acerca de la responsabilidad social. Esto puede hacerlos ganar la gloria a corto plazo. Pero ayuda a fortalecer la opinión, ya demasiado frecuente, de que la búsqueda de ganancias es mala e inmoral, y que debe ser contenida y controlada por fuerzas externas. Una vez que esta opinión es adoptada, la fuerza externa que contenga al mercado no será la conciencia social, sin embargo sumamente desarrollada, de los ejecutivos pontificadores; será el puño de acero de los burócratas del gobierno.

Aquí, como con el precio y controles de salarios, me parece que los hombres de negocios revelan un impulso suicida. El principio político que subraya el mecanismo de mercado es la unanimidad. En un libre mercado ideal que descansa sobre la propiedad privada, ningún individuo puede obligar a otro, toda la cooperación es voluntaria y ningún partido con ventaja de cooperación o necesidad puede participar. No hay valores, ni responsabilidades "sociales" en ningún sentido que no sean los valores compartidos y las responsabilidades de los individuos. La sociedad es una colección de individuos y de varios grupos que ellos voluntariamente forman.

El principio político que subraya el mecanismo político es la conformidad. El individuo debe servir a un interés social más general (ya sea determinado por la Iglesia, un dictador o una mayoría). El individuo puede tener voz y voto en lo que debe hacerse, pero si él es invalidado, debe conformarse. Es apropiado para algunos requerir que otros contribuyan a un objetivo social general, lo deseen o no.

Desafortunadamente, la unanimidad no es siempre factible. Hay algunos aspectos en los cuales la conformidad parece inevitable, así que no veo cómo uno puede evitar el uso del mecanismo político en su conjunto. Pero la doctrina de la "responsabilidad social" tomada seriamente, extenderá el alcance del mecanismo político a todas las actividades humanas.

No se diferencia filosóficamente de la doctrina colectivista más explícita. Se diferencia sólo por profesar que los fines del colectivismo pueden ser logrados sin medios colectivistas. Ésa es la razón por la cual, en mi libro *Capitalismo y libertad*, la nombré como una "doctrina fundamentalmente subversiva" en una sociedad libre, y dije que en ese tipo de sociedad, "hay una y sólo una responsabilidad social que poseen los negocios: comprometerse y usar los recursos en actividades diseñadas para aumentar sus ganancias, siempre y cuando permanezcan dentro de las reglas de juego, que es lo mismo que decir, comprometerse a la competencia abierta y libre, sin engaño o fraude" (Traducción de María Menéndez).

Con la aparición en 1984 del libro *Strategic Management: A Stakeholder Approach* de R. Edward Freeman, la discusión en torno de la responsabilidad social empresaria se enriquece recuperando la noción de *stakeholders*, proveniente de la sociología norteamericana, incorporando la consideración de otros actores o públicos involucrados con la actividad de la empresa, contraponiéndose a la idea de la responsabilidad social expuesta por Milton Friedman, visión de la que una de las publicaciones más características del conservadurismo norteamericano, no hace mucho tiempo, tuvo que reconocer como parte de una batalla perdida de cara a la opinión pública.

Este pasaje de los *shareholders* (accionistas) a los *stakeholders* (grupos interesados) incluye la variable del impacto que producen o de la influencia que ejercen las organizaciones respecto de distintos segmentos de la comunidad que se relacionan en diversos grados con su actividad.

Y desde el momento que comienzan a cobrar relevancia los impactos que las organizaciones generan, aparece de una manera más nítida la necesidad de una gestión más equilibrada de esos impactos. En un mismo movimiento, esas "personas jurídicas" que son las empresas, empezaban a descubrir que las obligaciones que contrapesaban sus derechos comenzaban a trascender las meras formalidades contractuales o de la puntualidad tributaria. Las demandas sociales se fueron acrecentando a medida que los costos derivados de la actividad empresaria se iban volviendo intolerables para un público cada vez más numeroso.

11.
Consecuencias de la irresponsabilidad

En un mundo interconectado por las comunicaciones, las finanzas, los mercados, cuando se genera una crisis, son mayores las posibilidades de que se expanda hasta convertirse en una crisis global cuyos quebrantos se terminan pagando en ámbitos locales, que no necesariamente coinciden con aquellos donde se originó la crisis. Al final del día, esos costos se pagan, si cabe la aclaración, a fuerza de privaciones en personas de carne y hueso, en desmedro de la atención de las necesidades que definen su calidad de vida.

En una economía mundial convertida en una red transnacional, en una atmósfera única y compartida por todos, las explosiones en la cima hacen temblar a la estructura completa. Por el mismo camino, la onda expansiva llega a la base local, desgarrando el tejido social, fragmentándolo, atentando contra su integración y su cohesión interna.

En aproximaciones sucesivas, el momento histórico hace preciso pensar globalmente y actuar localmente, como viene afirmando el movimiento ecologista desde hacia varias décadas.

La disgregación social –en correlación con el avance de la pobreza– es la contracara insoslayable de la globalización. Esta globalización se nos presenta como la tensión de dos extremos, en uno la concentración de riquezas en el núcleo del poder económico y en el otro, la cruda realidad de la exclusión social. Esta globalización divide al mundo entre ganadores y perdedores, en una gradación que va de todo a nada, donde los rendimientos crecientes de las minorías que más tienen se sustentan en los rendimientos decrecientes de las mayorías que pueden verse despojadas hasta de lo imprescindible.

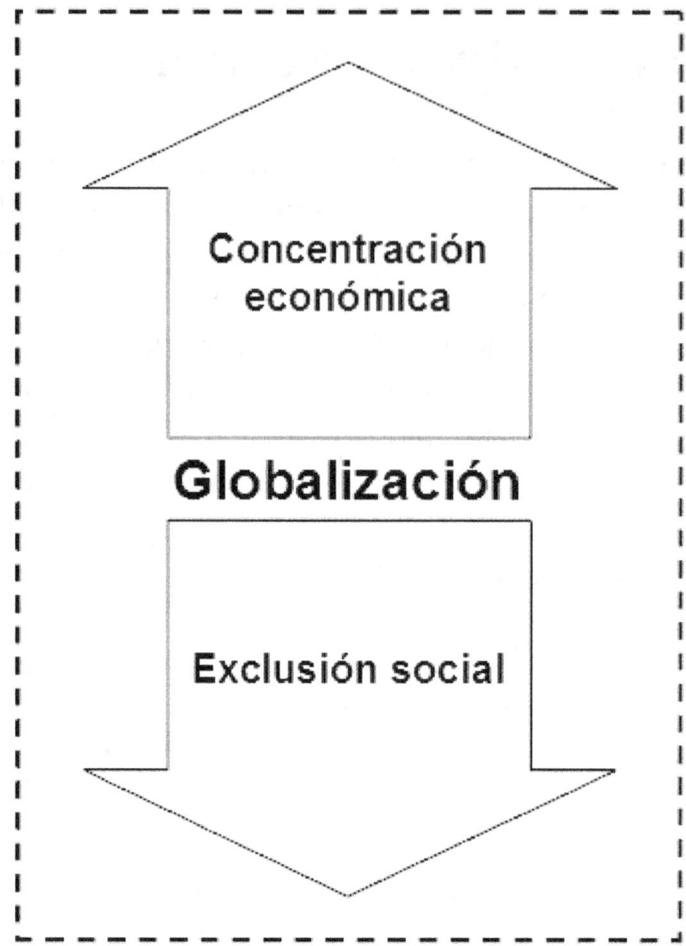

También es cierto que la idea de "exclusión social" se ha convertido en un tópico ampliamente transitado por los discursos de las ciencias sociales, pero que no siempre avanza hacia una conceptualización que define claramente el alcance de su significado. En el contexto del presente trabajo, la noción de "exclusión social" refiere a situaciones de una palmaria injusticia social, donde un segmento de la población ve drásticamente disminuidas las oportunidades no ya de progreso y ascenso social, sino incluso de supervivencia, en el marco establecido para la atención de las necesidades a través de relaciones de mercado.

El hambre es un problema global, que condena a una porción importante de la población mundial a vivir cotidianamente al filo de la supervivencia, en un punto donde el valor de la vida cobra el dramatismo del riesgo inminente de su pérdida. Porque el hambre que no mata condiciona severamente la calidad de vida futura en el *darwinismo social* de la economía competitiva.

Las enfermedades vinculadas con una alimentación deficiente cobran víctimas en una proporción alarmante, considerando la dimensión de los avances tecnológicos y científicos cuya legitimidad descansaba en la promesa de una mejor calidad de vida para los conjuntos sociales.

A estas enfermedades se le suman otras también vinculadas con la pobreza, que se relacionan con las condiciones de vida referidas al hábitat, tales como el hacinamiento en las ciudades, la contaminación ambiental que sufren en mayor medida los más pobres, informalidad y precariedad laboral a menudo extrema, violencia, ausencia de derechos, disolución de la ciudadanía.

La pobreza se plantea como una cuestión moral por el brutal contraste de la inequidad. Y surge la realidad de América Latina, nuestra América del Sur como ejemplo paradigmático, donde según estimaciones recientes de la FAO (agencia de la ONU para alimentación y agricultura) habrían 53 millones de desnutridos por indigencia, de los cuales 20 millones son niños. En la pobreza, posiblemente el efecto colateral más relevante de la globalización, es donde se materializa paradójicamente el supuesto ideal del individualismo. Porque en la exclusión el individuo está solo, y por lo tanto sin capacidad de organizarse ni siquiera con los que se encuentran en su misma condición, casi fuera de la comunidad a la que debiera pertenecer, apartado de los beneficios del sistema que configura el entramado de los mercados.

El individuo, así, se queda sin otra contención que su familia o, en el mejor de los casos, de aquellas organizaciones sociales a las que pueda acceder, si las hay y lo aceptan o pueden ayudarlo. O bien el asistencialismo de un Estado que, a veces, intenta paliar la situación pero que no siempre llega. O librado a la acción de los pequeños Leviatanes que proliferan en los márgenes, a la sombra de la supervivencia fuera del Estado, fuera muchas veces de la Nación, sin sentido de pertenencia alguno, sin siquiera posibilidad de un futuro imaginable.

Uno de los grandes aportes de la argumentación de Peter Drucker respecto de la cuestión de la responsabilidad social en las organizaciones refiere a su alineación con la actividad principal que desarrolla la organización.

De esta forma, nos permite descartar una perspectiva de la responsabilidad social planteada como una actividad secundaria, accesoria, lateral, periférica. Porque afirmar la centralidad de la responsabilidad social permite pensarla como una forma en que se *realiza* esa actividad central, un estilo que *atraviesa* la gestión. Un repertorio de criterios que orientan la acción cotidiana y se verifica en el conjunto de las decisiones que se toman en las sucesivas instancias de la vida organizacional.

Responsabilidad social, de esta manera, también significa hacer bien lo que la organización hace. La cuestión aquí estaría en definir lo que se entiende por "bien". Porque es un nodo en el que convergen distintos sentidos.

En el caso de la universidad pública y particularmente en lo que se refiere a la Universidad de Buenos Aires, su actividad, esencialmente académica, se desarrolla sobre la base de tres pilares que son la docencia, la investigación y la extensión universitaria. Una gestión del conocimiento orientada a enriquecer el capital social de la comunidad a la que pertenece. Y que literalmente le *pertenece* desde el momento que sus recursos provienen de la tributación del conjunto de la ciudadanía.

Pero si por algo se caracteriza la universidad pública, es por brindar una formación de excelencia. Una formación académica a la que la actual etapa de globalización compele a ser tanto integradora como integral, para afrontar los desafíos que le plantea la realidad en la que está inmersa. El lugar de reconocimiento por parte de la sociedad que ocupa entre nosotros la universidad pública, confiere a lo que provenga de ella un alto grado de permeabilidad social.

Es allí que cobra especial importancia el papel de la universidad pública respecto de la promoción de la responsabilidad social hacia el conjunto de los actores y sectores sociales. La difusión de la temática y la generación de contenidos, la docencia y la investigación aplicadas al estudio de la responsabilidad social en sus expresiones concretas, la reflexión teórica y el estudio comparativo de casos, entre las múltiples contribuciones posibles al debate, son herramientas básicas para fomentar una mayor conciencia al respecto.

De esto se deriva una participación activa en el ámbito de la opinión pública con un aprovechamiento creativo de los recursos que pone a disposición el desarrollo tecnológico, particularmente en el ámbito de las comunicaciones.

La importancia de Internet en este sentido es innegable desde el momento que implica un notable avance en el proceso de democratizar el acceso a la información, lo que permite compartir en tiempo real opiniones y experiencias, salvando las distancias físicas, lo que ha permitido una evolución sostenida de las prácticas de responsabilidad social, especialmente en lo que respecta al ámbito universitario.

Posiblemente la esencia de la responsabilidad social se encuentre en la práctica del voluntariado universitario, una actividad floreciente en el ámbito de la educación superior tanto en nuestro país como en América latina.

En el caso de la universidad pública, la intensidad con que asume su responsabilidad social está dada fundamentalmente por la participación de los estudiantes –colectivo cuantitativamente mayor de la comunidad universitaria y *stakeholder* principal de la institución– en actividades de voluntariado. Porque revela la eficacia con que se transmite el mensaje. Porque el voluntariado universitario es un producto genuino de los valores que constituyen la comunidad universitaria, en un compromiso que viene de sus orígenes.

Desde el punto de vista institucional, la responsabilidad social universitaria se vincula esencialmente con la promoción del voluntariado entre los estudiantes. Porque las expresiones de responsabilidad social valen, además de por las necesidades concretas que atienden, por la buena voluntad que comunican. Buena voluntad que se manifiesta en una actitud amigable hacia el otro, a quien se le tiende una mano solidaria. Buena voluntad que con su acción convierte en efectividades conducentes los valores que lo impulsan y que, en el caso del voluntariado universitario, son los valores que le dan sentido a la educación, particularmente a la educación pública.

Valores que pasan a ser compartidos por la acción del voluntariado. Valores que integran, que reconstituyen cotidianamente el tejido social. Que, por eso mismo, construyen comunidad, operan en el sentido de una mayor integridad para la sociedad en su conjunto.

El voluntariado sintetiza en el individuo las características que hacen a la esencia de la responsabilidad social. Son parte de ella la toma de conciencia inicial, el posterior ejercicio del poder de la primera decisión. Esta primera decisión es la que lleva a asumir una actitud de buena voluntad en el ejercicio de las propias posibilidades de acción, la que lleva a tener en cuenta el bien común como principio de cohesión y supervivencia de las comunidades a las que se pertenece y en las que el individuo se integra.

Pero, en este sentido, resulta fundamental el paso siguiente, que va de la conciencia a la acción, que implica a su vez la voluntad de generar hechos que atiendan efectivamente necesidades concretas de personas de carne y hueso, cuya situación no fuera propicia para que puedan efectuarla por sus propios medios. Se tratará entonces, de hechos que, más allá de su alcance, más allá de su escala, inciden en la realidad, transformándola. Inciden en la realidad, por caso, restableciendo vínculos allí donde la exclusión y la pobreza los había cercenado, reparando el tejido social en el lugar del territorio donde se evidencien necesidades insatisfechas, en especial cuando son las más urgentes. De esta manera es que convergen la práctica del voluntariado y el ejercicio de la responsabilidad social, en la reparación del tejido social, fundamental para una comunidad más integrada y una democracia sustentable.

12.
Educación y justicia social

Otro de los fenómenos asociados con la pobreza extrema es el del analfabetismo. El acceso a la educación se ve condicionado por múltiples factores cuya incidencia varía de acuerdo con el nivel de educación y con la posición en la escala de ingresos.

En nuestro continente, donde la mayor parte de los pobres son niños y la mayor parte de los niños son pobres, no todos los niños acceden a la educación inicial, no todos los que acceden a ella la completan, no todos los que la completan acceden a una educación media.

Los que acceden a estudios universitarios, por ende, constituyen una franca minoría. De ésta, sólo una fracción terminará la carrera universitaria. Es demasiada la gente que queda en el camino, y la sociedad del conocimiento no perdona ni espera.

Si existe un nivel aceptable de igualdad de oportunidades para todos, éste debe manifestarse en la educación, tanto en su acceso como en su permanencia. El nivel educativo en los exigentes mercados laborales de la actualidad establece divisorias de aguas que compartimentan las posibilidades del acceso al empleo, lo que instala a la capacitación permanente como una herramienta de trabajo imprescindible, ineludible; condición más que necesaria.

A la universidad pública, que se encuentra en la cúspide de la pirámide educacional, por su pertenencia al Estado y por su lugar relativo en la estructura educativa, le corresponde una responsabilidad social cuyo imaginario social abarca el conjunto de la educación en el país y en las necesidades de capacitación de sus habitantes. Ese *imaginario* constituye el aspecto estratégico de la responsabilidad social de la universidad pública.

En la actualidad, la educación es un factor determinante para el ingreso y la permanencia en los mercados laborales. Estos mercados laborales se encuentran entre los ámbitos que experimentaron con mayor crudeza los condicionamientos establecidos por el proceso globalizador, y fue a partir de ellos que se fue erosionando más significativamente el estado de derecho y precarizando la ciudadanía.

Como parte de la apertura indiscriminada de los mercados inducida por el poder económico, los estados nacionales se vieron presionados para desarticular las barreras arancelarias y legales que constituían un freno, en cuyo contexto se flexibilizaron las relaciones laborales. Esto significó en la práctica un proceso que derivó en la precarización del trabajo hacia condiciones de inestabilidad y desaparición de las garantías establecidas por la legislación. El Estado se ausentaba de esta forma de las relaciones económicas fundamentales para dar lugar a la libertad del zorro en el gallinero.

13.
La RS y la situación actual

Vivimos una época de urgencias, tiempos de crisis globales. Donde casi cualquier crisis puede generar el efecto contagio suficiente para llegar a ser universal. Urgencias. Particularmente aquellas que emergen de necesidades sociales insatisfechas, en tiempos donde esas necesidades se encuentran mediatizadas por relaciones de mercado. Carencias acuciantes, frente a las cuales no hay lugar para la indiferencia.

Vivimos tiempos donde la opinión pública da cuenta de una persistente demanda de ética a todo aquel que sea visualizado con poder de decisión. Una ética de la responsabilidad social parece estar en condiciones de hacer frente a los desafíos que tenemos por delante. O al menos, de ofrecer alternativas para abordarlos.

La democracia sólo puede fortalecerse contribuyendo a la sustentabilidad del conjunto social, en la medida que como ciudadanos –esto es tanto individual como colectivamente–, desarrollemos una práctica, sin lugar a dudas *política*, orientada por una ética de la responsabilidad social.

La democracia es el único régimen en el que se puede *realizar* la justicia social, pero esto depende en gran medida del grado de organización con que cuente la sociedad. Es decir, de la dimensión real de la *sociedad civil*, que mide la participación en las decisiones colectivas de los ciudadanos a la vez unidos y segmentados por intereses comunes, que interpelan tanto al poder político como al poder económico.

El orden industrial, algo así como nuestro "viejo régimen", estuvo signado por un tipo de contrato entre las partes donde la *relación de dependencia* insertaba al trabajador en una maquinaria productiva de la que resultaba una pieza más. En ese marco, la justicia social podía comprenderse como *justicia distributiva* entre los factores de la producción ligados con el capital y con el trabajo.

La creciente automatización de la producción industrial fue necesitando cada vez menos trabajo humano, del que se exigía fuera cada vez más calificado. Por otra parte, la expansión de las actividades económicas vinculadas con la información, con la innovación, con la investigación, con las tecnologías de la electrónica, fue generando nuevos mercados de trabajo intelectual, donde la herramienta central del trabajador es lo que él sabe, los conocimientos que puede aplicar.

Paralelamente, con el crecimiento de los mercados de servicios, se fue incrementando la proporción de trabajadores empleados en estas actividades, donde lo central es la calidad de atención que se brinda y las capacidades necesarias para que esto se realice de manera efectiva.

El proceso globalizador generó un cambio de contexto para el conjunto de las relaciones sociales, entre ellas las de tipo económico, resignificando funciones y potenciales en el seno de las poblaciones bajo su influjo.

Si la globalización constituye un fenómeno complejo, donde se solapan evoluciones de distinto tipo, vinculadas por un mutuo condicionamiento, esto no es un obstáculo para reconocer líneas directrices que le confieren la coherencia necesaria para abordar su análisis.

Es innegable que el progreso de las comunicaciones es uno de los campos donde la transformación es constatable de manera cotidiana. La globalización de las comunicaciones y la mercantilización del mundo configuran dos factores de relevancia para comprender la transición de un orden centralmente industrial a un orden de tipo tecnológico, que caracteriza el presente.

Esta metamorfosis de tipo global, de carácter paradigmático, puede ser entendida a su vez como una serie de transiciones agregadas, más puntuales, más específicas, pero que responden a una lógica congruente y se integran en una evolución general. Porque el pasaje del orden industrial al orden tecnológico de la actualidad trajo aparejados, entre otros, cambios en la importancia relativa de los factores que hacen a la formación del valor en los mercados.

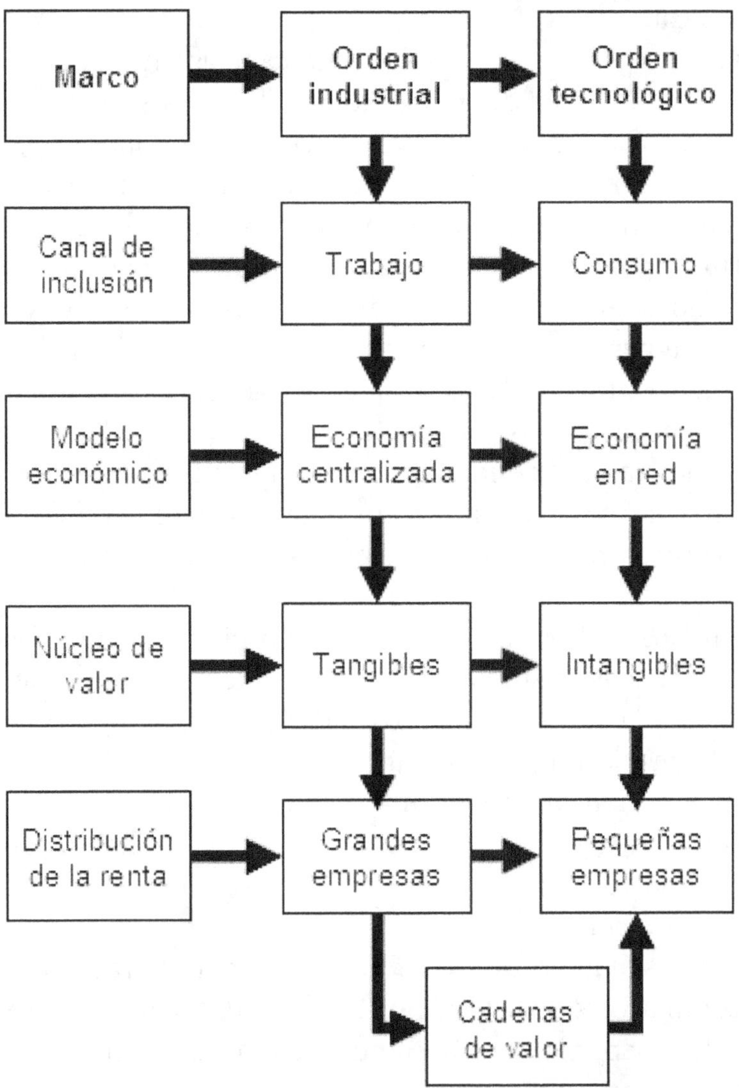

Para usar palabras de Tom Peters, este proceso derivó en una creciente relevancia del *software* sobre el *hardware*. O en términos de mayor extensión: implicó una participación creciente del valor *intangible* sobre el valor *tangible* en la constitución del valor económico. De lo inmaterial por sobre lo material, que implica a su vez posiblemente el mayor desafío para los profesionales contables a la hora de reflejar estos cambios en la naturaleza misma respecto de la actividad de las empresas en marcha. Esta dificultad no es otra que la de cuantificar de manera fehaciente el valor económico de la información, que de eso se trata cuando hablamos de *intangibles*.

Información que, en un entorno envolvente de procesos de comunicación, cobra valor económico en la medida que, cada vez más, no sólo los productos, mercancías o mercaderías sino también individuos y organizaciones, tienen valor para el mercado no ya por lo que comunican, sino meramente *porque* comunican.

Puesto que en los mercados de hoy, mercancías, individuos y organizaciones participan a su vez de un ágora global, que a su vez configura una suerte de metamercado, el denominado *mercado de la opinión pública*, donde el valor de tener un nombre (en términos de mercado: una marca) hace derivar consecuencias económicas tanto del prestigio como del desprestigio.

La determinación que ejerce lo que comunica efectivamente tanto un producto, como un individuo o una organización sobre su valor de mercado, constituye la base de lo que se conoce como *economía de la información* en cuanto núcleo duro de la llamada sociedad del conocimiento, que da identidad a la época que vivimos.

De eso se deriva la necesidad de configurar *nuevas subjetividades*, acordes con las nuevas exigencias que enfrentan individuos y organizaciones para su incorporación y permanencia en los mercados y en las condiciones actuales.

La consolidación de individuos y organizaciones como sujetos de conocimiento plantea asimismo un reposicionamiento de los procedimientos establecidos para la formación de los individuos y para la transferencia a ellos de la información útil y necesaria.

Esto, a su vez, viene a desmentir —una vez más— la caracterización de la educación como un gasto, para poner en evidencia su insoslayable carácter de inversión en virtud de su proyección estratégica en el marco de la economía de la información en vigencia.

Pero esta constatación que las nuevas realidades traen respecto de la educación como inversión estratégica fundamental para un desarrollo económico adecuado y por lo tanto sustentable, lejos de constituir una coartada para el *statu quo*, representa el mayor desafío de eficacia y eficiencia para la comunidad educativa en su conjunto. El rol protagónico que la educación tiene reservado en el diseño y realización del futuro deseado trae a colación la responsabilidad social que le corresponde en consecuencia.

En una economía del conocimiento —de los intangibles, de los valores simbólicos, de la información—, la relación de dependencia no suele ser el tipo de relación que tiende a predominar.

La flexibilidad de las relaciones laborales, que hace suya la inestabilidad propia de la dinámica económica, desdibuja la balanza de la distribución y hace deseable al menos la posibilidad de encontrar nuevos parámetros para definir la justicia social en nuestros días. En especial a través de una distribución más equitativa del conocimiento necesario para afrontar una realidad de mercados laborales cada vez más exigentes e inestables, propios del tiempo que nos toca vivir. En esa dirección, el vínculo entre una educación adecuada y la justicia social que necesariamente debiera promover resulta cada vez más evidente.

Las necesidades de la población nos presentan indicadores muchas veces alarmantes. La justicia social hoy podría definirse como la atención de las necesidades (biológicas, físicas y simbólicas) del conjunto social, en un esquema de inclusión universal, de manera que consolide la sustentabilidad y la organización social, a través de una mejora progresiva de la calidad de vida de la población, de manera satisfactoria y con racionalidad económica.

Un ejercicio continuado de la ciudadanía multiplica responsabilidad social, reconstituye tejido social y fortalece el estado de derecho. El abandono de la política por parte de la mayoría de los ciudadanos y su consiguiente profesionalización, un fenómeno que se acentuó en la última década del siglo pasado, dio lugar a democracias delegativas, que derivaron ineludiblemente en democracias de baja intensidad.

Corresponde entonces asumir la responsabilidad social como *un atributo de la ciudadanía* que implica nuestra cuota de contribución al bien común. Una participación que está definida por nuestra posición en la estructura social y nuestro papel en su dinámica. Cuanto más cerca de la posición dominante, mayor es la responsabilidad social correspondiente.

La ética de la responsabilidad social puede asumirse como una suerte de *manual del usuario* de la democracia, que nos remite a las reglas de juego que aceptamos y cumplimos, que nos orienta en el sentido de *lo que hay que hacer* para incrementar el bien común en la real medida de nuestras posibilidades, individuales y colectivas, sin necesariamente entrar en colisión con los intereses propios a través de una gestión adecuada de las acciones, tanto individuales como colectivas.

14.
Tsunamis económicos

Hasta no hace mucho, y durante no tanto, sólo hasta que el pánico fuera reemplazado por otras calamidades en la comunicación masiva, volvió a recorrer el mundo el fantasma de la crisis que en su momento sucedió al "crack" de 1929, porque es un pasado con el que nuestro mundo actual guarda cierto *aire de familia* en cuanto a las tendencias que le dieron lugar en su momento, y da espacio para imaginar consecuencias igualmente desastrosas.

La crisis financiera internacional desatada, hacia fines del 2008, por el episodio de las hipotecas en Estados Unidos hizo previsibles efectos colaterales de largo alcance.

Las crónicas económicas y las declaraciones públicas atribuyeron como causa de la crisis a la codicia y a una regulación deficiente de los mercados. Pero no era la primera vez que esto se planteaba. La influencia del contexto económico y sus prácticas usualmente aceptadas, el "estilo Enron" en cuanto ejemplo paradigmático hizo afirmar a Frank Partnoy –en su libro *Codicia contagiosa* de 2003– que

> los mayores responsables estaban fuera de Enron: las agencias de calificación crediticia, que levantaron la calificación de la compañía para después quitársela al final; los inversores, que no estudiaron con detalle las presentaciones públicas, y los legisladores y reguladores, quienes no sólo aprobaron las reglas que Enron utilizó para racionalizar sus negocios, sino que durante años se quedaron sin hacer nada mientras tales normas distorsionaban la cultura corporativa y financiera dominante, hasta tal punto que los negocios de Enron, que debieron ser censurables, estaban permitidos.

A los ojos del mundo quedó en evidencia la falacia de los "mercados de libertad absoluta" que el neoliberalismo presentaba como panacea, mientras las sociedades se derrumbaban en su derredor.

No es un tema menor que, incluso al no intervenir, los estados nacionales sean una vez más responsables por la omisión y terminen "respondiendo" con el dinero de sus contribuyentes para pagar el rescate de los responsables materiales.

Si, en última instancia, los estados nacionales siempre van a ser –por definición– los responsables, a quienes les cabe hacerse cargo de los desastres provocados por mercados salvajes, es preferible que esa responsabilidad se defina por su acción y voluntad de transformación; y no por su presencia muda o temerosa frente a la voracidad de una ambición sin fronteras y de prácticas especulativas, con beneficios que se concentran y perjuicios que se universalizan.

Las crisis del 2008 y del 2010 demostraron la necesidad –más que la alternativa– de una intervención activa del Estado en la economía.

Sin embargo, esta constatación llega una vez que la oleada neoliberal ya había desmantelado sus capacidades operativas; después de las *privatizaciones masivas* de las dos últimas décadas del siglo xx, los estados nacionales nunca volvieron a ser los mismos. Ésa ha sido una de las características determinantes del absolutismo de mercado, y enajenó las herramientas a través de las cuales el Estado debe garantizar a la sociedad la atención de una serie de necesidades consideradas básicas.

Las características de los *servicios públicos* hacen que, tras su conversión a la gestión privada, se generen mercados que se encuentran entre los más imperfectos (oligopolios y monopolios de diversos alcances y tamaños).

Los imprescindibles *marcos regulatorios* quedaron reducidos, en el camino, a formalidades que no facilitan un control efectivo por parte del Estado, sino lo contrario.

Más allá del comportamiento sistémico, de la ausencia estructural de regulaciones adecuadas que coadyuvó en los resultados, la que sí al parecer fue absoluta en esta crisis más reciente, fue la carencia de responsabilidad social en los operadores que provocaron la explosión.

Se trató aquí de externalidades negativas que, a título de ejemplo, en el marco de la crisis iniciada en 2008 por la burbuja inmobiliaria, fueron finalmente transferidas de manera masiva del sistema financiero global a la economía globalizada, y de allí a las economías reales de los países (tanto de los centrales como de la periferia), transformándolos en costos sociales universales de los que nadie finalmente está exento.

La población mundial se evidencia en la coyuntura como un conglomerado de *stakeholders* de las finanzas internacionales. En mayor o menor medida, nadie queda ajeno de su devenir y particularmente de sus desventuras, que son las que más rápida y frecuentemente se convierten en "globales".

Y lo hacen impactando con especial dureza en la base de la pirámide social, profundizando la desigualdad, incrementando a un tiempo la concentración económica y, en el otro extremo, la pobreza y su miríada de problemas concurrentes.

15.
Organizaciones ciudadanas

El mundo unificado por los mercados es un orden abonado por el contrabando ideológico de un individualismo feroz y de seres unidimensionales, cuyo perfil está definido y a la vez sitiado por intereses que no siempre son los propios. Esto guarda congruencia con un orden cuyo impulso nace de un *afán desmedido de lucro*, elevado, por el orden mercantil universalizado durante las últimas décadas del siglo xx, a la categoría de virtud.

Pero ese individualismo –extremo y ciego– encierra en sí mismo la contradicción que hace a su imposibilidad fáctica, a su palmaria insustentabilidad. Porque el ser humano se caracteriza por no ser autosuficiente, o mejor, por atender sus necesidades de manera más eficiente cuando se agrupa con sus semejantes, en la medida en que pasa a integrarse en comunidades.

La única protección que tiene el individuo en la intemperie de la globalización comercial depende del Estado nacional que lo reconozca en su carácter de ciudadano, antes que como un consumidor que sólo cuenta y vale por lo que tiene.

Las defensas con que cuenta el individuo dependen así de la intensidad de su ciudadanía, de la medida en que se constituye en un sujeto –en mayor o menor medida– pleno de derechos.

Mercado y democracia fueron los estandartes de la globalización en cuanto proceso de occidentalización del mundo; se asimilaba de esta manera la libertad política de los ciudadanos a la libertad económica de los mercados.

Sin embargo, la lógica de los mercados se demostró palmariamente contradictoria con la lógica democrática en más de una oportunidad, en cuanto que los mercados han tolerado la democracia sólo en la medida en que fuera funcional a la concentración económica. Es así que se ha convertido a los llamados "golpes de mercado" en una nueva categoría de análisis. Asistimos a un mundo dividido formalmente en naciones, en territorios bajo la jurisdicción de estados nacionales, pero donde la articulación en red de los mercados interpela directamente a los individuos, más allá de las geografías políticas.

Son Estados que, siguiendo el mandato occidental, mantienen la formalidad democrática, pero en la práctica se manifiestan con una intensidad variable, que tiende a ser mayor en algunos países centrales y menor en la mayoría de los periféricos; una intensidad que depende de la calidad de ciudadanía que contenga y de la calidad institucional que brinde sustento a su estado de derecho, además de la solidez y consistencia de este último.

De todas formas, la intensidad de la democracia, la calidad de sus instituciones, la solidez del estado de derecho no son consecuencia ni responsabilidad exclusiva de la acción estatal: la esfera de lo público se realiza por la concurrencia e interacción entre el Estado y la sociedad a la que representa, donde la participación social en las decisiones colectivas no es un elemento accesorio u opcional. Allí, los niveles de participación activa y organizada de la sociedad civil es lo que realmente hace la diferencia.

Es un tipo de participación que, así como la inserción de los individuos en la sociedad, se canaliza a través de organizaciones, porque nuestro lugar en la sociedad suele ser –mayoritariamente– nuestro lugar en organizaciones.

Organizaciones de diverso tipo, sí, pero que básicamente cumplen con esa mediación; organizaciones del sector público, del sector privado o de la sociedad civil, participando en la realización de aquello para lo que fueron diseñadas, e integrándose de esta manera a la dinámica social.

Es allí donde cobra especial relevancia la correlación del nivel de responsabilidad social con la posición relativa en la escala social de individuos y organizaciones, así como el liderazgo que están llamados a asumir en el ejercicio del poder que esa posición les confiere.

La correlación del nivel de responsabilidad social con la posición relativa en la escala social es una derivación de las condiciones históricas de su emergencia como demanda frente a los abusos de la posición dominante por parte de las grandes empresas en el contexto del orden industrial. Pero no sólo eso.

La responsabilidad social implica una forma de ejercer el poder y la influencia. De esto se puede derivar que la responsabilidad social potencialmente conlleva a su vez un estilo particular de *liderazgo*. Un liderazgo necesariamente constructivo, que contribuya a generar comunidad y a consolidarla. Que comprenda la comunidad como el ámbito para el desarrollo personal de sus integrantes y donde ese desarrollo personal no sea contradictorio sino complementario con el desarrollo de la comunidad en su conjunto.

Como lo ha expresado Stephen Covey, el líder que precisa la etapa que se abre con el nuevo siglo es el que asuma la responsabilidad de crear una cultura o un sistema de valores centrados en los principios.

La creación de una cultura con esas características en el marco organizacional de "una empresa, en el gobierno, en la escuela, en el hospital, en la organización no lucrativa, en la familia o en otra organización" constituye así el verdadero desafío de cara al futuro "y sólo lo lograrán los líderes, ya sean los que surjan o los ya expertos, que tengan la visión, la valentía y la humildad de aprender y crecer constantemente". En este punto cobra relevancia el tópico popularizado por Peter Senge respecto del aprendizaje en las organizaciones, ya que las "personas y las organizaciones que se apasionen por aprender –aprender porque estén en condiciones de escuchar, ver las tendencias que surgen, percibir y prever las necesidades del mercado, evaluar los éxitos y equivocaciones del pasado y absorber las lecciones que la conciencia y los principios nos enseñan, por mencionar sólo unos cuantos modos– tendrán una influencia duradera. Esa clase de líderes no se opondrá al cambio: lo adoptará".

La cuestión del poder ha sido un motivo de reflexión permanente por parte de las diversas disciplinas atentas al desarrollo de la vida en comunidad, por lo cual existe una variada y amplia bibliografía al respecto y ninguna selección puede escapar a la arbitrariedad. Por eso y a título exclusivamente ilustrativo, vamos a hacer una breve referencia a un par de textos cuyo aporte consideramos significativo.

Si bien existe *a priori* una extensa tradición que se concentra en los aspectos negativos del poder, como represión y como imposición de una voluntad sobre otras, el auge de la literatura empresarial –inscripta en el devenir de una gestión sometida sin cesar a la exigencia de la actualización, del mejoramiento, de la adecuación a una realidad vertiginosa y cambiante– dio lugar a una mayor apertura a la complejidad de esta cuestión.

En ese contexto, cabe destacar el abordaje realizado por James Hillman en su libro *Tipos de poder*, quien despliega un análisis subsidiario de los aportes de Carl Gustav Jung, una de cuyas obras fundamentales se titula justamente *Tipos psicológicos*. En esa obra, Hillman define cuatro atributos del poder (eficiencia, crecimiento, servicio y mantenimiento) y tipifica los estilos de poder en una serie que incluye: control, responsabilidad, prestigio, exhibicionismo, ambición, reputación, influencia, resistencia, liderazgo, concentración, autoridad, persuasión, carisma, ascenso, decisión, intimidación, tiranía, veto, purismo y poder sutil.

En el apartado que dedica Hillman a la responsabilidad, vincula ésta con el ejercicio de un cargo, que es decir con el posicionamiento del individuo en un marco organizacional, pero que se completa en el liderazgo, el carisma, la autoridad o la influencia y que lo trasciende, ya que la "clase de poder que trae la responsabilidad debe su fuerza a algo que va más allá de la descripción de un trabajo, de la jerarquía de un cargo público, de la ubicación en el esquema de una organización, las personas de quienes uno depende y las que dependen de uno". Y esto es así porque la responsabilidad del cargo "sugiere una trascendencia impersonal; el que lo ejerce es portador temporario de un puesto que lo precede y que continuará luego de su partida, y que le permite proveer un servicio al Estado, al público, a la Iglesia o a una corporación", para concluir que tener "una responsabilidad es estar al servicio de algo 'superior' a uno".

En esta perspectiva, el servicio aparece como una noción central, ya que define a la responsabilidad como un deber hacia otros, lo que implica una apertura a las demandas concretas y a las necesidades tanto manifiestas como latentes; es decir una apertura a recibir y escuchar los pedidos de los demás, de "prestarles atención", donde para Hillman "atención y gentileza" pueden sintetizar "el original y más profundo significado de la responsabilidad".

Otro abordaje concurrente de la cuestión del poder es la que realiza Blaine Lee siguiendo la línea planteada por Covey respecto de un liderazgo centrado en principios y propone su propia tipología. Lee parte de diferenciar tres tipos de poder: el poder coercitivo, centrado en el control; el poder utilitario, centrado en los resultados y el poder basado en principios, autorregulado por parámetros morales asumidos voluntariamente.

En lo que se refiere de manera específica a los principios que permiten desarrollar el honor en el ejercicio del poder, Lee propone un decálogo que incluye: persuasión, paciencia, amabilidad, enseñanza, aceptación, generosidad, conocimientos, disciplina, coherencia e integridad.

A continuación, Lee brinda un ejemplo de las acciones que se realizan ejerciendo el poder centrado en principios, entre las cuales enumera: persuadir, ser pacientes, ser amables, enseñar, aceptar, ser generosos, amar, aprender, disciplinar, ser coherentes y vivir con integridad.

De esta mera enunciación puede deducirse la relación con la temática que estamos tratando, así como de los resultados que pueden obtenerse de esta práctica.

Entre esos resultados encontramos: socios y sociedades, una transformación mutua, sinergia, riesgos calculados, mayor capacidad, control interno y positivo, autocontrol, conducta ética, relaciones interdependientes, proactividad, confianza, soluciones ganar/ganar, acuerdos de sociedades, relaciones a largo plazo (y profundamente satisfactorias).

Finalmente, cabe destacar las consecuencias para el ámbito organizacional en lo que concierne a su aplicación en la órbita de la educación. En este punto, Lee hace propias las conclusiones de Sara Lighfoot, de la Universidad de Harvard, para quien el ejercicio del poder basado en principios genera espacios educativos donde "la gente fija objetivos y normas, y se siente responsable el uno ante el otro"; "tienen líderes que escuchan, crean sentido de comunidad"; generan un sentido de misión, "una identidad, un carácter, una cualidad propia que se nota firme", así como un conjunto de valores compartidos por la comunidad educativa y que le brinda coherencia ideológica; acepta la diversidad brindando reconocimiento a las diferencias en cuanto a personalidades e idiosincrasias, en la medida que esto es funcional a "perturbar la inercia" organizacional y promover el cambio. Se trata, sin dudas, de una serie de atributos que describen los objetivos deseables desde nuestro punto de vista en el marco de la práctica de la responsabilidad social universitaria. El fermento necesario para ese cambio se encuentra en la promoción de un liderazgo que permita adecuar el diseño organizacional, abriendo canales de participación, para generar el cambio cultural que es condición ineludible para cualquier cambio perdurable.

El carácter determinante de la dimensión cultural en la cuestión que nos ocupa en lo que respecta a nuestro ámbito regional queda plasmada en las palabras de Bernardo Kliksberg, que forman parte de su obra *Hacia una economía con rostro humano*:

América Latina parece estar urgida por generar debates de calidad sobre cómo activar valores culturales que estimulen la participación ciudadana, el voluntariado, la responsabilidad social del empresariado, el fortalecimiento general de la solidaridad. Los modelos de desarrollo convencionales postulaban que primero llega el desarrollo económico, que después éste se "derrama" y hay desarrollo social; así, dejaban para el final el desarrollo de la cultura y los valores. Hoy en día, los fracasos enseñan que la vía es diferente. El desarrollo económico y el social deben darse conjuntamente para que haya desarrollo real. El crecimiento económico es fundamental para posibilitar el avance social, pero a su vez, sin inversión continuada en áreas como salud y educación no habrá un capital humano calificado, motor básico de la productividad y la competitividad. Ahora se sabe también que cultura y valores no son una tercera etapa: tienen que formar parte integrada del desarrollo. Sin una población bien preparada y saludable, y sin cultura, confianza mutua y valores éticos, los aparentes logros económicos pueden ser efímeros.

16.
Perspectivas

El siglo XXI está llamado a ser el siglo de la responsabilidad social. Es el desafío que la globalización plantea a las naciones para lograr una articulación proactiva entre la economía y la política, lo que es decir entre capitalismo y democracia, entre las fuerzas del mercado y las instituciones estatales, con un creciente protagonismo de la sociedad civil, o sea, de la parte organizada de la sociedad en torno de intereses comunes.

Cuando finalizaba el siglo XX, por iniciativa del entonces secretario general de las Naciones Unidas, Kofi Annan, se propuso la formulación de un "Pacto Global" con el objeto de "aprovechar la fuerza de la acción colectiva para fomentar la responsabilidad cívica de las empresas de modo que éstas puedan contribuir a la solución de los retos que plantea la globalización", para contribuir a la conformación de una economía mundial más inclusiva y sustentable.

En su discurso dirigido al Foro Económico Mundial en Davos (Suiza), el 31 de enero de 1999 el secretario general de las Naciones Unidas manifestó:

> Este año, quiero desafiarlos a unirse en la tarea de llevar nuestras relaciones a un nivel aún más alto. Les propongo que ustedes –líderes empresarios reunidos en Davos– y nosotros –las Naciones Unidas– iniciemos un acuerdo global de principios y valores compartidos, que darán un rostro humano al mercado global actual.
>
> La globalización es una realidad de la vida. Pero creo que subestimamos su fragilidad. Éste es el problema. La extensión de los mercados sobrepasa la capacidad de las sociedades y sus sistemas políticos para ajustarse a ellos, aún menos para dirigir el curso que toman. La historia nos enseña que este desequilibrio entre lo económico, lo social y lo político nunca puede ser sostenido por mucho tiempo.
>
> Los países industrializados aprendieron esa lección en su amargo y costoso encuentro con la Gran Depresión. Para restaurar la armonía social y la estabilidad política, adoptaron redes sociales seguras y otras medidas, diseñadas para limitar

la volatilidad económica y compensar a las víctimas de las faltas del mercado. Ese consenso hizo posibles los sucesivos movimientos hacia la liberalización, que causó el largo período de expansión de la posguerra.

Nuestro desafío actual es legar un acuerdo similar a escala global, para sostener la nueva economía global. Si tenemos éxito en eso, seremos partícipes de la creación de prosperidad mundial para toda una generación, comparable a esa satisfacción que tuvieron los países industrializados en las décadas posteriores a la Segunda Guerra Mundial. Específicamente, los invito –individualmente a través de sus firmas, y colectivamente a través de sus asociaciones de negocios– a abrazar, apoyar y decretar un sistema de valores basados en el campo de los derechos humanos, así como en el de los estándares laborales y de las prácticas ambientales.

¿Por qué esos tres? En primer lugar, porque todos son campos donde ustedes, empresarios y empresarias, pueden hacer una verdadera diferencia.

En segundo lugar, son áreas en donde los valores universales ya han sido definidos por acuerdos internacionales, incluida la Declaración Universal, la Declaración de la Organización Internacional del Trabajo sobre principios fundamentales y derechos laborales, y la Declaración de Río en la Conferencia sobre Ambiente y Desarrollo de las Naciones Unidas de 1992. Finalmente, elegí estas tres áreas porque temo que, si no actuamos en ellas, pueden ser una amenaza para el mercado libre global, y especialmente para el régimen de comercio multilateral.

Existe una enorme presión de varios grupos de interés para cargar el régimen comercial y los acuerdos de inversiones, con las restricciones dirigidas a preservar los estándares en las tres áreas que acabo de mencionar.

Éstas son preocupaciones legítimas. Pero las restricciones en comercio e inversión no son los medios correctos a usar para abordarlos. En su lugar debemos encontrar una manera de alcanzar nuestros estándares proclamados por otros medios. Y eso es, precisamente, lo que significa el acuerdo que les estoy proponiendo. Esencialmente, hay dos caminos para hacerlo. Uno es a través del campo de la política internacional. Ustedes pueden alentar a los estados a darnos las instituciones multilaterales de las que todos ellos son miembros, los recursos y la autoridad que necesitamos para hacer nuestro trabajo.

Las Naciones Unidas como conjunto promueven la paz y el desarrollo, que son requisitos previos para hacer frente, con éxito, a metas tanto sociales como ambientales. Y la Organización Internacional del Trabajo, el Alto Comisionado de las Naciones Unidas para los Derechos Humanos y el Programa Ambiental de las Naciones Unidas se esfuerzan en mejorar las condiciones laborales, los derechos humanos y la calidad ambiental. Nosotros esperamos, en el futuro, contar con ustedes como aliados en estos esfuerzos.

El segundo camino mediante el cual pueden promover estos valores es tomarlos directamente, accionando en la esfera de sus propias corporaciones.

Muchos de ustedes son grandes inversores, empleadores y productores en docenas de diferentes países alrededor del mundo. Ese poder trae consigo grandes oportunidades…, y grandes responsabilidades.

Ustedes pueden mantener los derechos humanos y estándares ambientales y de trabajo decentes directamente, mediante sus propias conductas en sus propias compañías.

De hecho, ustedes pueden usar estos valores universales como cemento que una sus corporaciones globales, ya que son personas valiosas alrededor del mundo que los reconocerán como suyos. Pueden estar seguros que, en sus propias prácticas corporativas, están manteniendo y respetando los derechos humanos; y que ustedes no están siendo cómplices de violaciones a los derechos de los hombres y mujeres.

No esperen a que todos los países introduzcan leyes que protejan la libertad de asociación y derecho a la negociación colectiva. Ustedes pueden, por lo menos, asegurarse que sus propios empleados, y los subcontratados, gocen de esos derechos. Pueden, por lo menos, asegurarse que ustedes no están empleando niños menores de edad o personas para trabajos forzados, ya sea directa o indirectamente. Y pueden asegurarse que, en sus propias políticas de contratación y despidos, no están discriminando por raza, credo, género u origen étnico.

Ustedes pueden, además, apoyar un acercamiento preventivo para desafíos ambientales. Pueden emprender iniciativas que promuevan mejores responsabilidades ambientales. Y pueden alentar el desarrollo y la difusión de tecnologías respetuosas del medio ambiente.

Eso, señoras y señores, es lo que estoy pidiéndoles. Pero tal vez se preguntan qué les doy a cambio. De hecho, yo confío en que el sistema de las Naciones Unidas tiene algo para ofrecer. Las agencias de las Naciones Unidas –el Alto Comisionado de las Naciones Unidas para los Derechos Humanos, la Organización Internacional del Trabajo (OIT) y el Programa Ambiental de las Naciones Unidas (UNEP)– están preparadas para asistirlos, si necesitan ayuda en incorporar estos valores y principios acordados en sus declaraciones, misiones y prácticas corporativas. Y estamos listos para facilitar el diálogo entre ustedes y otros grupos sociales, para ayudarlos a encontrar soluciones viables en las genuinas preocupaciones que ellos han sostenido.

(…) Tal vez es más importante lo que podemos hacer en el terreno político, para ayudar a mantener un ambiente que favorezca el comercio y los mercados libres.

Yo sé que lo que les propongo es un acuerdo genuino, porque ninguna de las partes puede tener éxito sin la otra. Sin su compromiso activo y su apoyo, corremos el peligro de que esos valores universales permanezcan como simples buenas palabras, documentos que podremos celebrar en cada aniversario y hacer discursos sobre ellos, pero con un limitado impacto en nuestras vidas de simples personas. Y, a menos que esos valores sean realmente considerados para ser arraigados, temo que encontraremos crecientes dificultades para persuadir sobre los beneficios de un mercado libre global.

Los mercados nacionales están unidos por valores compartidos. Frente a la transición y la inseguridad económicas, la gente sabe que si lo peor llega a lo peor, puede confiar en la expectativa de que ciertos estándares mínimos prevalecerán. Pero, en el mercado global, las personas no tienen todavía esa confianza. Hasta que no la tengan, la economía mundial será frágil y vulnerable, vulnerable al contragolpe de todos los "ismos" de nuestro mundo de la posguerra fría: proteccionismo, populismo, nacionalismo, chauvinismo étnico, fanatismo y terrorismo.

Lo que tienen en común todos estos "ismos" es que detonan la inseguridad y la miseria de la gente que se siente aterrorizada o víctima del mercado global. Cuanta más gente desgraciada e insegura haya, más terreno ganarán estos "ismos". Lo que debemos hacer es encontrar un modo de encajar el mercado global en una red de valores compartidos.

Recordemos que los mercados globales y los sistemas de acuerdos multilaterales que tenemos actualmente, no se hicieron por accidente. Son el resultado de decisiones políticas iluminadas, hechas por los gobiernos desde 1945. Si deseamos mantenerlos en el nuevo siglo, todos nosotros –gobiernos, corporaciones, organizaciones no gubernamentales, organizaciones internacionales– debemos tomar ahora las decisiones correctas. Debemos elegir entre un mercado global dirigido sólo por cálculos de ganancias a corto plazo, y uno que posea un rostro humano. Entre un mundo que condena un cuarto de la raza humana al hambre y a la miseria, y uno que ofrece a todos al menos una oportunidad de prosperidad, en un ambiente saludable. Entre un egoísta "todo vale" en el que ignoramos el destino de los perdedores, y un futuro en el que el fuerte y el exitoso acepten las posibilidades, mostrando visión global y liderazgo. Estoy convencido de que tomarán la elección correcta. (Traducción de María Menéndez.)

El Pacto reconoce la necesidad de articular alianzas estratégicas entre organizaciones privadas, públicas y sociales, con el objeto de promover principios sociales y ambientales de validez universal.

La propuesta tuvo un alto impacto inicial ya que se incorporaron a ella, además de empresas de todo el mundo, también organizaciones internacionales de trabajadores y numerosas organizaciones de la sociedad civil.

Este Pacto consiste básicamente en una serie de principios a los que las empresas están llamadas a adherir y a generar acciones concretas al respecto.

El nivel de consenso de tales principios surge de sus fuentes, ampliamente reconocidas a nivel internacional:
- la *Declaración Universal de Derechos Humanos*,
- la *Declaración de Principios de la Organización Internacional del Trabajo* relativa a los derechos fundamentales en el trabajo,
- la *Declaración de Río sobre el Medio Ambiente y el Desarrollo* y
- la *Convención de las Naciones Unidas contra la Corrupción*.

Los principios planteados por el Pacto Global son los siguientes:

Derechos Humanos
Principio 1: *Las empresas deben apoyar y respetar la protección de los derechos humanos fundamentales, internacionalmente reconocidos dentro de su ámbito de influencia;*

Principio 2: *Deben asegurarse de no ser cómplices en la vulneración de los derechos humanos;*

Relaciones laborales
Principio 3: *Las empresas deben apoyar la libertad de afiliación y el reconocimiento efectivo del derecho a la negociación colectiva;*

Principio 4: *La eliminación de toda forma de trabajo forzoso o realizado bajo coacción;*

Principio 5: *La erradicación del trabajo infantil;*

Principio 6: *La abolición de las prácticas de discriminación en el empleo y la ocupación.*

Medio ambiente
Principio 7: *Las empresas deben mantener un enfoque preventivo orientado al desafío de la protección medioambiental;*

Principio 8: *Adoptar iniciativas que promuevan una mayor responsabilidad ambiental;*

Principio 9: *Favorecer el desarrollo y la difusión de tecnologías respetuosas con el medio ambiente.*

Lucha contra la corrupción
Principio 10: *Las empresas deben luchar contra la corrupción en todas sus formas, incluidas la extorsión y el soborno.*

La responsabilidad social como paradigma emergente se basa en un diálogo constructivo y una acción coordinada entre las organizaciones que encarnan la dinámica económica, la dinámica política y la dinámica social de toda comunidad, en beneficio de una calidad de vida satisfactoria para el conjunto de sus integrantes.

A cada organización le corresponde un grado de responsabilidad social que debe asumir, en concordancia con su naturaleza y su posición relativa en la escala social, que se revela en su nivel de incidencia en las decisiones colectivas.

La responsabilidad social de cada individuo es proporcional, asimismo, a su participación efectiva en las decisiones –tácticas o estratégicas– que determinan el curso de acciones de las organizaciones, así como la distribución de costos y beneficios propios de la actividad que desarrolla.

También es cierto que, en los inicios de este siglo y atendiendo al "pasivo" social, ambiental e institucional que plantea la herencia del siglo anterior, la responsabilidad social tiene más de utopía que de realidad. Pero se trata de una utopía de sustentabilidad democrática.

Porque responde a la demanda de atención de necesidades actuales –aunque, muchas veces, una demanda todavía latente–. Es necesario que llegue a consolidarse en cuanto demanda efectiva para actuar como fermento del *mejoramiento organizacional*. Estableciendo una relación dialógica y activa entre las organizaciones y sus diversos entornos que, a partir de la experiencia, pueda plasmarse en un proyecto definido en el sentido de la consecución de sociedades más justas.

En la vorágine del presente, a todo proyecto le queda sólo la alternativa de construirse sobre la marcha, "haciendo camino al andar", con hechos puntuales inscriptos en una secuencia coherente.

La responsabilidad social de las organizaciones no viene por añadidura. No se trata de un agregado, sino de un emergente de factores que constituyen la organización.

Si es también parte de su código genético, desde el momento que configura la expresión de la visión que la anima, es fundamental que la perspectiva que le da origen se encuentre presente desde la conformación misma de la organización, como un componente de la *visión* del entorno en el que viene a circunscribirse, y guarde coherencia con la *misión* que asuma en ese contexto, así como de los *objetivos* que se plantee, no ya como un sistema cerrado en sí mismo, sino como un *sistema abierto* y en continua interacción con el marco social en el que se despliega.

A partir de allí se expresa en los objetivos que la organización se traza y, fundamentalmente, en las formas como los realiza. Porque la responsabilidad social es también primordialmente una cuestión de formas, de *buenas prácticas organizacionales*.

En este sentido, se trata de una cuestión de eficiencia, más que de eficacia, particularmente cuando la diferencia es de los costos que se externalizan a la comunidad.

La perspectiva de la responsabilidad social plantea un *camino de perfeccionamiento* progresivo de la organización, lo que redunda en una mejora paulatina de su posición relativa en los espacios donde participa. Se trata de una responsabilidad derivada de la posición de la organización en la escala social en la que se inscribe.

Una vez más, se trata del lugar que ocupa, que es tanto un lugar de pertenencia como un espacio donde se construye sentido.

Gottlieb Frege sostenía que no alcanzaba con un *significante* y un *significado* para construir *sentido*: es necesario que se refiera a algo existente en el mundo real. En el caso contrario, estaríamos frente a lo que Frege llamaba un "sinsentido".

Para evitar el "sinsentido" es que el abordaje temático de la responsabilidad social requiere de experiencias concretas, que permitan complementar cualquier desarrollo conceptual, para evitar abusos de la abstracción en beneficio de la búsqueda de herramientas útiles para una mejor convivencia, que es la base de una comunidad mejor, con *estándares de calidad de vida* aceptables para el conjunto de sus integrantes.

Hablamos de experiencias concretas de las cuales puedan deducirse *aplicaciones prácticas* de los principios generales a los que refiere cualquier intento de conceptualización. Son prevenciones que se justifican en un contexto de obsolescencia de muchas de las categorías más frecuentes para describir la interacción social y sus procesos, así como la dinámica que los anima.

Esto implica experiencias a partir de las cuales reconocer elementos en común para su aplicación práctica, en una relación dinámica entre la acción y la reflexión acerca de las problemáticas sociales derivadas de la cuestión.

17.
Acciones orientadas por la RS

Toda implementación práctica de una perspectiva socialmente responsable en un espacio organizacional implica un abordaje de la *complejidad* inherente a las organizaciones.

Supone, asimismo, la conjunción de los factores diversos que se despliegan en torno de la actividad central de cada organización, de manera que se logre coordinar diferentes disciplinas para la consecución de ese objetivo común.

En este aspecto cobra especial relevancia el *diseño organizacional* en cuanto condicionante de las acciones que expresan la responsabilidad social en cada caso, por su incidencia determinante en la cultura de las organizaciones.

El punto de partida de la responsabilidad social es el ejercicio de la libertad individual. Pero la libertad individual no es absoluta. Al menos, desde el momento en que acepta encuadrarse en el marco normativo de las comunidades en las que el individuo desarrolla su acción. Es justamente la *acción individual* la que origina toda organización, que a su vez pasa a configurarse como el marco de acción para quienes la integran, generando una tensión entre las voluntades individuales y los límites que le impone el marco organizacional que se constituye de esta manera en el ámbito de concurrencia donde las acciones individuales transcienden hacia lo colectivo.

La manera en que esas acciones individuales se articulan se encuentra condicionada en gran medida por el diseño organizacional en cuanto expresión práctica de los criterios que dieron origen a la organización. Expresión de la visión, la misión y los objetivos asumidos en la etapa inicial, el diseño organizacional canaliza la acción de los integrantes dentro de sus límites, reproduciendo con cada acción el *carácter sistémico* de esos parámetros.

Si la organización es producto y marco de la acción humana, entonces, para llegar a definir ese contexto de las acciones individuales, puede resultar conveniente recurrir a aproximaciones sucesivas teniendo en cuenta cierta tipología elemental de las organizaciones.

En principio es necesario reconocer tres tipos básicos de organizaciones que se diferencian notablemente en el *aspecto morfológico* de su configuración. Esa divisoria contemporánea entre las organizaciones que las clasifica en empresarias, estatales y de la sociedad civil, permite un primer acercamiento para identificar similitudes y diferencias. Cabe destacar una peculiaridad respecto de las organizaciones de la sociedad civil –entendiendo por tal al sector organizado de la sociedad– que aún en la actualidad suelen denominarse por la negativa, como "organizaciones no gubernamentales" o bien como "organizaciones sin fines de lucro", alternativamente si de lo que se trata es de diferenciarlas del Estado o de las empresas propiamente dichas.

Desde que a cada diseño organizacional corresponde un repertorio de acciones y decisiones congruentes con los parámetros que establece, se lo puede considerar una de las manifestaciones más relevantes de la propia *identidad organizacional*, lo que permite a la organización reconocerse y ser reconocida tanto por quienes la integran como por quienes se vinculan con ella a través de su actividad.

Esto permite comprender de una manera más acabada las dificultades con las que puede encontrarse toda organización para implementar políticas de responsabilidad social en la medida que su identidad no fue diseñada en un sentido convergente, que el conjunto que forman su visión, su misión y los objetivos trazados no son congruentes con esa perspectiva ética.

Pero no se trata meramente de corregir elementos de la identidad organizacional para generar automáticamente los cambios deseados en el desempeño corporativo, aunque ese replanteo para adecuarlos sea el primer paso.

A partir de allí la tarea por delante consiste en emprender una reforma paulatina y progresiva del comportamiento organizacional en los diversos aspectos que van sedimentando en el tiempo para ir incorporándose a una cultura compartida por quienes forman parte de ella en su quehacer cotidiano, que es donde se verifican los cambios en la justa proporción que se van haciendo efectivos.

Esta noción de cultura organizacional pone de relieve una vez más el restringido alcance de las visiones individualistas.

Como afirma Robert Solomon, se trata de una noción clara e irreductiblemente social, desde que presupone "la existencia de una comunidad establecida y rechaza de manera explícita el individualismo atomístico. Los individuos forman parte de una cultura sólo en tanto desempeñan una función dentro de ella, participan en su desarrollo y se adaptan a su estructura."

Respecto de la vinculación entre ética y cultura en las organizaciones, Solomon sostiene que si a toda cultura le corresponde una ética, "en realidad, es posible afirmar que la cultura es la ética, la cual incluye las reglas elementales que aglutinan a la organización y la protegen incluso de sí misma. En último análisis, son los valores, no la gente o los productos lo que define a una corporación y su cultura".

Cabe realizar asimismo una diferenciación entre la identidad organizacional y su *imagen*, que es la manera en que se presenta ante propios y extraños, en cuya relación resulta imprescindible la veracidad para que exista congruencia y correlación entre una y otra. Para que la imagen constituya un reflejo de la identidad y no su espejo deformante que muestra una versión idealizada de la organización más que su realidad.

Por otra parte, respecto de la cultura organizacional y las posibilidades de adecuación en el sentido de la responsabilidad social, un condicionante a tener en cuenta es el que refiere a lo que podríamos llamar el nivel de institucionalización propio de la organización que se trate.

El nivel de institucionalización se vincula con la permanencia en el tiempo de las organizaciones y la consiguiente consolidación de las culturas organizacionales.

En el caso de las organizaciones estatales, que se fundan en su carácter institucional, queda claro que implica una restricción respecto del grado de libertad en cuanto a la variación estructural, que depende de procedimientos específicos en ámbitos de decisión que exceden su propia competencia, independientemente de la capacidad cierta de reformulación con la que cuenten. En este sentido, si la cultura organizacional se presenta contradictoria con las prácticas inherentes a la responsabilidad social, constituye un severo escollo para su reformulación, que no puede ser sino paulatina y progresiva, ya que es frecuente que los planteos de cambio demasiado radicales se encuentren con un nivel de resistencia burocrática que termine por hacerlos naufragar en beneficio de la tendencia hacia el *statu quo* que expresa.

Por el contrario, cuando la génesis de la organización es concordante con parámetros de responsabilidad social, como es el caso de la universidad pública, su nivel de institucionalización ofrece una perspectiva de convergencia con la recuperación histórica de ese mandato ético y la adecuación de las prácticas actuales, muchas veces producto de la incidencia de los sucesivos paradigmas epocales tanto político-económicos como organizacionales, permite que las transformaciones necesarias se inscriban en un marco de recuperación de los valores que le dieron origen.

En el caso de la universidad pública argentina, la responsabilidad social –a través de un manifiesta vocación de consustanciarse con los problemas nacionales y comprometerse en sus soluciones– es uno de los ejes insoslayables de la Reforma Universitaria de 1918, con amplia repercusión en América Latina, cuyos valores se hace necesario ampliar y actualizar respecto de las exigencias de nuestro tiempo, particularmente teniendo en cuenta que la desigualdad social y la pobreza de nuestra región así lo exigen.

La organización socialmente responsable constituye un entramado de relaciones que trascienden el ámbito organizacional y por las que se inserta en el tejido social, se integra en las comunidades de las que forma parte. La responsabilidad social refiere así a los impactos que la organización genera en su entorno. Y desde un punto de vista cuantitativo, a cómo distribuye los costos y los beneficios entre los diversos grupos involucrados. De esta manera, lo que podríamos definir como el *aspecto administrativo* de la responsabilidad social plantea su desarrollo como un camino de perfeccionamiento organizacional, desde el momento que aporta una mayor racionalidad en la distribución de costos y beneficios, esto se corresponde con un incremento de su eficiencia en un sentido amplio, que abarca tanto su propio funcionamiento como el aporte constructivo que se encuentra en condiciones de realizar a su entorno.

Desde la perspectiva que asumimos, estas buenas prácticas deben avanzar en el sentido de incorporarse paulatinamente a la rutina propia de la organización, es decir que necesariamente deben consolidarse como parte de los hábitos que hacen a su actividad cotidiana. Porque las buenas prácticas forman parte de la cultura organizacional en la medida que se hacen *costumbres*. Buenas prácticas que son manifestaciones de una ética que construye comunidad en la convivencia, que es donde aflora el *sentido* de la comunidad, donde se expresan sus valores, como el respeto y la solidaridad, la proactividad o la cooperación.

La variable administrativa de la responsabilidad social se relaciona específicamente con el ámbito de lo contractual, de las formalidades que constituyen los *actos administrativos* y su concordancia con la realidad. La responsabilidad administrativa pone el acento en los hábitos y procedimientos, en las prácticas cotidianas, en los *reglamentos* y la normativa por la que se rige.

Ese aspecto administrativo implica el día a día de aquello que hace a la cultura de la organización. De cómo se relaciona en ese día a día con la sociedad y con sus propios integrantes y cómo se gestionan y mantienen esas relaciones. Acerca de cómo se hace lo que se hace con quienes se hace. La responsabilidad administrativa trae consigo la necesaria reflexión acerca de los usos y costumbres, de su adecuación en el sentido de los objetivos a alcanzar.

La práctica de la responsabilidad social incide necesariamente en la trama contractual que constituye a las organizaciones, tanto de los contratos formales y explícitos, como de los implícitos o informales. Una trama que es parte de la cultura cotidiana, compartida por quienes dan vida a las organizaciones, quienes se integran a la comunidad a través de ellas. Porque es en esa esfera de lo contractual donde se formaliza y hace efectiva la distribución de costos y beneficios en la actividad de la organización para con quienes forman parte de ella y en su relación con la sociedad. Para una primera evaluación, en consecuencia, cada organización debe comenzar por identificar y reconocer justamente esos diversos grupos o segmentos de la sociedad involucrados en la actividad, la organización y las relaciones a través de las cuales se vinculan. En la universidad pública la responsabilidad administrativa se agrega a la responsabilidad política justamente por su vinculación con la esfera estatal.

La responsabilidad administrativa refiere así a las cuestiones de diseño de las relaciones que establece, de cómo las formas las condicionan, y la iniciativa de cambiarlas gradualmente en la medida que no se adecuen a generar un entorno mejor tanto hacia quienes la integran como hacia la sociedad a quien está destinada su acción. Pero en la órbita de lo estatal no sólo eso, sino documentarlo, generar memoria institucional; hacer público lo público, comunicarlo, difundirlo en la sociedad, como una herramienta más de promoción de la responsabilidad social.

Entonces, desde el momento en que la responsabilidad social implica un verdadero cambio cultural en la organización –que para ser sustentable debe ser gradual, progresivo–, es necesario asumirla como la línea rectora de las políticas a implementar desde la organización.

Si se trata de una perspectiva socialmente responsable ésta no puede quedarse en el maquillaje organizacional, en la mera fachada; deberá constituirse en paradigma de construcción comunitaria, abierto a su complejidad y transversal a las dimensiones pública, privada y social que se entrelazan en una misma realidad.

La noción de *convergencia* –de uso más frecuente a partir de su utilización referida a la evolución de la tecnología– se presenta como una alternativa de complementariedad organizacional, en el marco de la comunidad de referencia.

El *desarrollo deseable* en los umbrales del nuevo siglo, para trascender las problemáticas que lo frenan, hace ineludible una transformación en la dinámica social que involucra a todos los actores de la comunidad.

Toda sociedad que se proponga avanzar hacia un desarrollo sustentable –en el sentido de eliminar la pobreza, disminuir las desigualdades, en definitiva, orientarse hacia una atención eficiente de las necesidades sociales, con mayores posibilidades de autorrealización para sus integrantes–, debe partir de considerar al conjunto de sus miembros como *actores sociales* llamados a cumplir una tarea en la reconstrucción del tejido comunitario.

Se trata de una tarea en la que individuos y organizaciones deben comprometerse en asumir la responsabilidad de una acción solidaria y mancomunada en cada uno de los ámbitos de incumbencia.

Esto concierne: a las empresas tanto respecto de los mercados y de las comunidades en las que actúan, como de las cadenas de valor en las que se insertan; al Estado, tanto a nivel nacional como provincial y municipal, desde la gestión de lo público; a la sociedad civil, en una articulación proactiva de los intereses que en ella se expresan; y a la Universidad, trascendiendo lo estrictamente académico, para configurar la acción institucional que la coyuntura y su proyección hacen precisos.

Aludimos a una tarea en la que deben confluir la reflexión acerca del bien común y encontrar los cauces para hacer efectivas *alianzas estratégicas* congruentes con este fin, con avances sensibles en la orientación asumida, sobre la base de hechos concretos que se demuestren operativos en la realidad.

El enfoque de la responsabilidad social dista de encontrarse organizado en un cuerpo teórico homogéneo, en parte porque se trata de un debate en curso, de un *work in progress*, donde la pluralidad de definiciones en cuestión hablan de la infinidad de matices que puede presentar, desde el momento que se trata ineludiblemente de una perspectiva situada. Es una operatoria en la que se pasa de la abstracción a la práctica concreta, a través de la lente de cada actividad organizacional específica, generando una multiplicidad de significados a los que resta contactar e integrar desde sus puntos en común.

Por otra parte, esta pluralidad, esta ausencia de un pensamiento único respecto de la cuestión, hace a la dificultad de comprensión que parece obstaculizar una difusión mayor de su temática –y las problemáticas subyacentes– en el ámbito de la opinión pública.

En distintos niveles de análisis, puede ser entendido por algunos como el camino que tienen las unidades económicas del sector privado para retribuir a la comunidad, como contraprestación por los recursos que extraen de ella para la realización de su actividad. O bien puede aparecer ante los más escépticos como una mera actividad de marketing, de *lavado de imagen* de las empresas.

Desde esa visión escéptica –que es relevante en la medida que suele ser compartida no solamente por detractores de la actividad empresaria, sino incluso por no pocas empresas–, la responsabilidad social empresaria no sería mucho más que una máscara, que de esta manera encubre el hecho de que la empresa en realidad no cambia.

La empresa, más allá de algunas declaraciones de principios y buenas intenciones, de todas formas continuaría siendo la misma de siempre. Haciendo lo mismo, de la misma manera y con las consecuencias de siempre.

Es decir que, desde una mirada escéptica, la responsabilidad social empresaria no significaría ningún cambio de actitud ya que, a pesar de ella, la empresa continuaría generando con su actividad y de forma continuada las mismas externalidades negativas que inciden, por caso, en el medio ambiente donde se sitúa la empresa o del que surgen sus insumos.

Lo cierto es que una enumeración exhaustiva de las distintas interpretaciones es una tarea imposible, y puede resultar más provechoso el abordaje desde las experiencias de instituciones concretas, en circunstancias específicas.

Porque, en mayor o en menor medida, las acciones en el sentido de un comportamiento socialmente responsable por parte de las organizaciones conllevan un cambio deliberado de la realidad, tanto hacia el interior del espacio organizacional como para su entorno más o menos inmediato.

Por eso mismo, la articulación en *redes de cooperación* significa la oportunidad de potenciar el alcance de esa transformación, muchas veces silenciosa, ya que evita previsibles esfuerzos superpuestos y mejora la eficiencia del acceso a los recursos, tanto por individuos como por organizaciones que forman el público objetivo de estas acciones.

18.
La RS y la Universidad pública

La universidad pública –libre, gratuita y laica– es un componente fundamental de la sociedad argentina desde sus orígenes, tanto de la comunidad nacional en cuyo devenir está inserta. Como se ha dicho, el período actual que llamamos *globalización* se caracteriza como una época de urgencias; las grandes desigualdades propias del orden industrial no han hecho sino profundizarse durante las últimas décadas.

En la sociedad de la información y del conocimiento y en los albores del siglo XXI, la universidad pública pasó a tener un protagonismo como casi ninguna otra institución estatal, en términos de su incidencia sobre el presente y su proyección sobre el futuro. Por lo tanto, asumirla como un tema esencial y situarla en el centro de la escena nos parece insoslayable en el mundo en que vivimos, donde hacen falta puntos de referencia definidos para encarar las acciones que exigen las circunstancias.

Son estas circunstancias en las que las sociedades vienen reclamando de sus organizaciones –tanto políticas, como económicas o de la sociedad civil– que encarnen en mayor medida los valores éticos necesarios para una mejor convivencia y un desarrollo equitativo de las comunidades que integran. En ese sentido cobran especial relevancia las palabras de Bernardo Kliksberg en su libro *Más ética, más desarrollo,* cuando expresa:

Ciertamente, los valores éticos deberían enseñarse desde los primeros estadios educativos, en el ámbito familiar y la sociedad toda debería jerarquizarlos y cultivarlos. (…) Sin embargo, la responsabilidad de las escuelas o facultades donde se preparan gerentes es clave. Por otra parte, no se trata solamente de enfatizar que no se debe caer en corrupción, sino más allá educar para la responsabilidad social empresarial. Este concepto se ha ido ampliando cada vez más ante las exigencias de la sociedad civil en los países desarrollados y hoy implica que una empresa debe tener trato limpio con los consumidores, buen comportamiento con sus empleados, cuidar el medio ambiente, comportarse con toda corrección en los países en desarrollo e involucrarse activamente en programas a favor de la comunidad y de la ciudad donde opera. Estos comportamientos comienzan a premiarse y castigarse por la sociedad y los consumidores.

Hay un reclamo social en aumento por empresas más éticas. América Latina tiene graves problemas en este campo. Junto a la conocida corrupción en sectores públicos, son innumerables los casos de corrupción corporativa. La idea de responsabilidad social empresarial está en diversos países en un estadio primario y atrasado. La universidad latinoamericana y particularmente las facultades donde se forman economistas, gerentes y otras profesiones clave para el desarrollo tienen una gran responsabilidad al respecto. La gran discusión ética pendiente sobre la economía y la gerencia necesarias para nuestras sociedades debe reflejarse activamente en los currículos. No se trata de dictar una materia más que se llame ética, para calmar la conciencia. La enseñanza de la ética debe transversalizarse. En cada área temática deben examinarse dilemas e implicancias éticas. También debe generarse una agenda de investigación sobre las dimensiones éticas de las políticas económicas y de las prácticas gerenciales. Asimismo la universidad debe hacer extensión activa sobre estos temas al medio. La cuestión no se resuelve sólo con códigos de ética que después tengan cumplimiento limitado. La universidad debe estar a la cabeza de una acción colectiva de amplios alcances para reforzar la formación y los valores éticos de profesionales cuyas decisiones pueden influir tanto en la vida de sus pueblos.

La Facultad de Ciencias Económicas de la Universidad de Buenos Aires es una de las casas de estudios más importantes de nuestro país, y como tal es también un *ámbito de pertenencia* para quienes forman parte de su comunidad universitaria; y, considerando que son setenta mil las personas que desarrollan de manera cotidiana sus actividades, resulta ser la más numerosa de América Latina.

Así, la comunidad universitaria es el lugar de pertenencia de miles de personas y les aporta *sentido* a parte de sus vidas, en la medida en que forja una *identidad* compartida. Estas personas se integran de manera diversa, en consonancia con las funciones que asumen en su marco institucional, sea como profesores, estudiantes en carrera o graduados; como no-docentes o como funcionarios.

Hace poco más de un siglo, desde que por decreto con fecha del 26 de febrero de 1910 del doctor Joaquín Figueroa Alcorta —refrendado por su ministro de Instrucción Pública doctor Rómulo S. Naón— se creó el Instituto de Altos Estudios Comerciales. Este instituto, después de algunas vicisitudes de supresión y restablecimiento, el 9 de octubre de 1913 se convirtió en la actual Facultad de Ciencias Económicas de la Universidad de Buenos Aires, que hoy fundamenta su prestigio en una trayectoria de excelencia académica y de un definido compromiso con el destino nacional, a lo largo de su historia.

Pero justamente el prestigio de la Facultad de Ciencias Económicas de la UBA implica la responsabilidad, esto es, la capacidad de responder a lo que la sociedad espera de ella.

Desarrollar el potencial solidario de la FCE y sus capacidades constructivas con relación al entorno social que le da sentido es el mayor desafío que hoy debe afrontar la comunidad universitaria. Se trata de un factor insoslayable para contribuir a la construcción del futuro deseado para el conjunto nacional.

Por eso, la pertenencia a la Facultad de Ciencias Económicas de la Universidad de Buenos Aires es algo que, en una medida importante, nos define. Y su misión de generar alternativas que contribuyan al bien común de una manera significativa nos compromete a todos los que formamos parte de ella.

Las transformaciones del entorno social de la FCE (que se vienen produciendo desde la Noche de los Bastones Largos y que se acentuaron con la última dictadura, para quedar como plataforma para la democracia posible) requieren preguntarse por el papel que está llamada a asumir en la situación actual, en este punto de nuestra historia como país.

Porque el lugar de relevancia que ocupa esta casa de altos estudios en la sociedad argentina implica una responsabilidad para con el conjunto social, para con el entorno que brinda encarnadura y razón de ser a la actividad universitaria y a sus instituciones.

Esa percepción de la pertenencia de toda organización a la comunidad en la que se inserta, esta conciencia de que no hay organización sin comunidad, es el punto de partida para asumir un nuevo y necesario compromiso fundacional.

Este compromiso implica asumir la responsabilidad social que corresponde a cada uno y la manera en que se articula en las organizaciones en las que participa, y que debe necesariamente manifestarse en los distintos aspectos que hacen a la actividad institucional.

De esta manera nos encontramos con las dimensiones fundamentales de la acción desde la perspectiva de la responsabilidad social: la dimensión individual, punto de partida de cualquier cambio posible; la dimensión organizacional, base de la integración social del individuo; y la dimensión comunitaria, en la que interactúan las organizaciones con su entorno.

La noción de responsabilidad social, que surge a partir de las demandas de diversos sectores relacionados con la organización empresaria a fin de que se tuvieran en cuenta sus intereses, fue evolucionando hacia una perspectiva que abarca al conjunto de las organizaciones, entre ellas, las organizaciones del ámbito educativo.

De esta manera se fue instalando la problemática de la responsabilidad social como preocupación académica, lo que concita un creciente interés reflejado en la proliferación de abordajes desde distintas disciplinas, no siempre lo suficientemente interconectadas. La reflexión en torno de la responsabilidad social universitaria en el ámbito que nos ocupa, permite abordar conceptualmente diversos aspectos que hacen a la identidad organizacional que define su naturaleza.

En lo que se refiere al espacio latinoamericano, la cuestión de la responsabilidad social universitaria se suele abordar desde una pluralidad de enfoques emergentes de la cultura y de la experiencia histórica de cada país.

Con todo, y más allá de los abundantes desarrollos conceptuales, es significativo el protagonismo que viene desplegando el *voluntariado universitario*, como práctica solidaria y expresión viviente de un compromiso en acto dentro del paradigma de la responsabilidad social. Multitud de organizaciones de todo tipo se relacionan con el fenómeno del voluntariado, que asimismo desborda las estructuras y se manifiesta incluso fuera de ellas, por la iniciativa individual de muchas personas que desarrollan esta actividad de manera anónima, puntual o continua, en ámbitos acotados, atendiendo de manera directa necesidades sociales que por algún motivo no cuentan con otra cobertura. La Facultad de Ciencias Económicas de la UBA no ha permanecido ajena a esta tendencia y se relaciona de manera articulada con otras instituciones educativas del continente, para intercambiar experiencias y mejorar sus prácticas orientadas de responsabilidad social. La implementación de esas acciones, en lo que respecta al caso específico de la FCE, parte de asumir la responsabilidad agregada que le corresponde por formar parte de la universidad pública, lo que determina –en gran medida– una mayor apertura a la comunidad y la configuración de canales de complementación entre el Estado, las empresas y las organizaciones sociales.

Como se ha dicho, la Universidad de Buenos Aires, a partir de lo que establece el Estatuto universitario, cuenta con tres pilares para su actividad. Ellos son la formación académica, la investigación y la extensión universitaria.

Son características de la Universidad de Buenos Aires la gratuidad, así como el acceso irrestricto. Esto, sumado a su pertenencia a la educación pública y a un gobierno ejercido con la concurrencia de todos los claustros, lo que garantiza la democracia interna y la autonomía universitaria, confirman el especial lazo que la une con la sociedad y la calidad de su compromiso.

Porque la universidad pública se debe a la sociedad de la que emerge, en la medida que es de ella de donde provienen los recursos para que sea posible contar con un ámbito de libertad donde generar conocimiento, reflexión e investigación. Esto es así desde el momento en que es del conjunto de la sociedad donde se obtienen esos recursos, incluido el aporte de los sectores más postergados. De allí que lo producido por la universidad pública deba orientarse imperativamente hacia la construcción del bien común, que nuestra Constitución Nacional entiende, desde su Preámbulo, en términos de "bienestar general".

Los esfuerzos realizados por la comunidad universitaria de nuestro país son un verdadero motivo de orgullo, como puede verse en la cantidad de proyectos relevados en el marco del Programa Nacional de Voluntariado, llevado adelante por el Ministerio de Educación de la Nación.

Pero la dimensión de los problemas que resta resolver vuelve insuficiente toda iniciativa de acción directa y hace más que necesario un mayor énfasis en la promoción tanto del voluntariado como de la responsabilidad social, para generar una mayor conciencia en el conjunto del cuerpo social.

Esta constatación explica la creación y el sostenimiento del Programa de Voluntariado Universitario por parte de la Facultad de Ciencias Económicas, a través de su Secretaría de Extensión Universitaria. Con él, la Facultad avanzó en el sentido de una mayor coordinación y organización de las iniciativas existentes de solidaridad y acción.

Se hacía necesario que los estudiantes, graduados, docentes y trabajadores no docentes contaran con un ámbito institucional, dedicado a la actividad voluntaria, que paralelamente organizara esas actividades y brindara a los voluntarios una capacitación continua y adecuada a esos fines. El sitio institucional de la Facultad lo describe de la siguiente manera:

> Por Resolución del Consejo Directivo N° 457/06, se creó el Programa de Voluntariado Universitario (PVU) de la Facultad de Ciencias Económicas de la Universidad de Buenos Aires. El mismo apunta a realizar, mediante el trabajo voluntario y no remunerado, la misión de la Secretaría de Bienestar Estudiantil, enmarcada en el concepto de Extensión Universitaria.
>
> Los estudiantes y graduados pueden mediante la implementación del PVU contribuir a la mejora de distintos ámbitos de la Comunidad, aportando el conocimiento adquirido en los claustros universitarios, así como la práctica profesional, en la búsqueda del bienestar general.
>
> La Solidaridad es un valor central de este programa, enmarcado en la vocación universalista de transmisión del conocimiento y en el carácter comunicativo de todo proyecto científico, en cuanto a la necesidad de su difusión y la aplicación al ámbito cotidiano.
>
> La Oficina de Asistencia Integral a Micro, Pequeñas Empresas y ONGs; la

Promoción de los Derechos Humanos; el Programa de Desarrollo Emprendedor; la promoción de Actividades Comunitarias y el trabajo que se lleva a cabo en el Museo de la Deuda Externa, en tanto producción y divulgación de conocimiento, son las principales áreas que integran el PVU. En ellas, los Voluntarios pueden contribuir en un verdadero proceso dialéctico entre la academia y la sociedad, la teoría y la empiria, la reflexión crítica y la acción preformativa.

La Secretaría de Bienestar Estudiantil implementa el Programa de Voluntariado Universitario en las siguientes líneas de trabajo:

• Museo de la Deuda Externa: en el ámbito del Museo, se forman y trabajan voluntarios, quienes realizan tareas vinculadas con la docencia y la investigación, dando cumplimiento al objetivo de la extensión universitaria.

Se apunta a difundir la problemática del endeudamiento público argentino, el cual se erige como uno de los principales condicionantes de nuestra historia económica, entre los argentinos y extranjeros que se acercan a ilustrarse sobre el tema. Para dicha tarea se cuenta con medios audiovisuales y gráficos (un documental e historietas), los cuales fueron elaborados por el equipo de la Secretaría de Bienestar Estudiantil.

• Oficina de Asistencia Integral a Micro y Pequeñas Empresas y ONG: esta oficina busca, por medio del trabajo voluntario, mejorar el funcionamiento de las micro y pequeñas empresas, organizaciones de la sociedad civil y la economía social (cooperativas, mutuales, asociaciones civiles, emprendimientos promovidos por organizaciones sociales, entre otros) a través de la asistencia técnica y asesoramiento (en aspectos tales como administración, análisis de mercado y rentabilidad económica, contabilidad, producción y costos). Para el tratamiento de cuestiones jurídicas y/o legales se trabaja en conjunto con los voluntarios de la Facultad de Derecho de la UBA. La actividad (que se realiza en grupos de trabajo de tres o cuatro voluntarios) está siempre coordinada por un docente experto en el tema específico a abordar.

• Programa de Desarrollo Emprendedor: la misión de este proyecto es promover y crear nuevos emprendimientos productivos, ofreciendo asesoramiento a emprendedores que presenten ideas novedosas y potencialmente rentables, que apliquen nuevas tecnologías pero que no cuenten con los medios para llevar adelante el emprendimiento, ya fuera por falta de recursos humanos adecuados, financiamiento, infraestructura, capacidad de gestión, entre otras cuestiones.

Específicamente, en el marco del Programa de Desarrollo Emprendedor se pretende brindar asistencia en la presentación de Planes de Negocios a las diversas instituciones e inversores susceptibles de financiar los diferentes proyectos.

Este programa constituye un acompañamiento guía en todo el proceso de elaboración del *business plan*, el cual no sólo servirá para abrir canales de financiamiento, sino que constituirá la referencia permanente del mismo emprendedor a lo largo de la evolución e implementación de su proyecto, así como también será su carta de presentación al resto de la comunidad.

• Actividades Comunitarias: en el marco de este proyecto, un grupo de voluntarios de la Facultad realiza tareas de apoyo escolar a niños provenientes de familias de bajos recursos económicos, en comedores comunitarios o escuelas de nivel medio de la Ciudad Autónoma de Buenos Aires. Entre otras de las actividades que se han realizado, cabe destacar la recolección de alimentos no perecederos e indumentaria para los afectados por las inundaciones en la Provincia de Santa Fe. Junto con la Secretaría de Bienestar Estudiantil y la Cátedra de Dirección General, los voluntarios organizaron una Campaña de Concientización en la Donación Voluntaria de Sangre.

19.
Algunas conclusiones

Estos tiempos de globalización plantean un escenario de grandes contrastes. Son tiempos en los que las democracias se ven cuestionadas por las desigualdades que se profundizan en la medida en que la lógica del mercado avanza sobre las poblaciones, consolidando la hegemonía de los intereses particulares de una minoría concentrada, en detrimento del bien común.

Frente a estas consecuencias, la democracia está llamada a afirmarse como el ámbito de la responsabilidad colectiva. Pero se trata de una responsabilidad que, en términos de justicia, no corresponde distribuir de manera uniforme.

En otras palabras, si todos somos responsables, si lo somos colectivamente, no puede decirse que lo somos en la misma proporción. El nivel de responsabilidad social que corresponde a cada ciudadano no es absoluto: es relativo a la posición social de cada ciudadano, que surge de su participación en organizaciones sociales, empresariales o estatales.

Una democracia socialmente responsable implica una democracia activa, que garantiza una calidad de vida digna a sus ciudadanos, articulando productivamente sus capacidades. Hablamos de una democracia que reconozca un derecho en cada necesidad.

La responsabilidad social de cada uno depende del lugar que ocupamos en la organización –a través de la cual nos insertamos en la dinámica social– y del lugar que esa organización ocupa en el conjunto social del que forma parte.

Situarse en la universidad pública y preguntarse por la responsabilidad social que le corresponde en un contexto social de graves carencias, implica una toma de partido.

No puede ser una actitud neutra. La universidad pública es parte del Estado y esto la define respecto del bien común al que debe orientarse.

Entonces, la primera cuestión está referida a la responsabilidad social de la universidad pública como parte del Estado, sostenida por el conjunto social y llamada a ejercer una acción decidida y consciente que contribuya a la recuperación del bien común.

El *bien común* se manifiesta como *bienestar general*, que se verifica en una *calidad de vida* digna para el conjunto de la población, y a su vez implica garantizar, desde el Estado democrático, el respeto efectivo a los derechos humanos de quienes habitan su territorio.

Los niveles de concentración económica y exclusión social que dejaron a su paso las dos últimas décadas del siglo xx (durante las que se consolidó la instalación del nuevo orden global), hacen que los umbrales del nuevo siglo se transformen en el necesario ámbito del balance para proyectar el camino de la reconstrucción, ineludible para cimentar la sustentabilidad de los conjuntos sociales.

No obstante, la misma evolución del capitalismo expansivo durante el siglo pasado, con el despliegue de las comunicaciones y de las tecnologías de la información, junto al crecimiento progresivo del sector de los servicios en los mercados de trabajo, entre otros procesos confluyentes; configuró una economía del conocimiento, donde los valores simbólicos o intangibles pueden traducirse en valor económico. En una economía del conocimiento, donde su producción constituye un capital decisivo en lo estratégico, la educación pública se convierte en un desafío para la democratización del acceso a esta herramienta de supervivencia individual y colectiva frente a un panorama de creciente exigencia en torno de las capacidades productivas. En este marco, a la universidad pública le cabe un rol protagónico.

Nuestra democracia precisa avanzar en un modelo de responsabilidad social que, al dar un sentido definido a la ciudadanía de cada uno (de acuerdo con su posición social y con el lugar que ocupa en la sociedad), permita articular colectivamente la acción individual en el sentido de la recuperación del bienestar general.

Este modelo –presente de manera dispersa en la sociedad civil– debe manifestarse en el ámbito establecido para la construcción del bien común, que es el Estado.

La universidad pública, como espacio estatal de producción y transferencia de conocimiento, tiene por asumir una responsabilidad social que no es menor: consiste en presentar alternativas convenientes para la sustentabilidad del conjunto nacional, en el camino que se define a partir de iniciativas como el Plan Fénix, donde se evidenciaron las expectativas de la sociedad respecto del aporte universitario al bien común.

A partir de esto, quedó claro que la universidad pública (particularmente la Universidad de Buenos Aires) continúa siendo un referente social insoslayable, aun en medio de la crisis institucional que se desencadenó en diciembre de 2001, cuyas consecuencias todavía vivimos.

La responsabilidad social de las organizaciones se relaciona, en gran medida, con la percepción que de ellas tiene el resto de la sociedad. Del lugar que ocupa en esa perspectiva la universidad pública, más allá de dificultades propias de su autonomía, deriva el rol que le corresponde en la etapa de necesaria reconstrucción que nos encontramos transitando en la generación, promoción y multiplicación de iniciativas que contribuyan a atender necesidades básicas insatisfechas en nuestra población. Es esta fuerte convicción –así como las reflexiones de estas páginas– lo que ha dado fundamento a nuestra actividad diaria tanto en el ámbito de la Secretaría de Extensión Universitaria, como en el de la Secretaría de Bienestar Estudiantil de la Facultad de Ciencias Económicas de la Universidad de Buenos Aires.

Anexo documental
1.Informes de Gestión

Secretaría de Extensión Universitaria
Facultad de Ciencias Económicas
Universidad de Buenos Aires
Informe de Gestión
Marzo – Diciembre 2006
Secretario: Lic. Federico Saravia
Subsecretario: Lic. Julián D'Angelo

Se presentan en este informe las actividades realizadas por la Secretaría de Extensión Universitaria de la Facultad de Ciencias Económicas de la Universidad de Buenos Aires, durante los meses de marzo y diciembre de 2006, organizadas según el área de trabajo en las que se insertan.

Museo de la deuda externa

A partir del cambio de gestión de la Facultad de Ciencias Económicas (FCE) de la Universidad de Buenos Aires (UBA) en el mes de marzo de 2006, se designó al por entonces secretario de Extensión Universitaria como director del Museo de la Deuda Externa (MDE). A partir de dicha fecha se realizaron trabajos de reacondicionamiento del Salón de Exposiciones y la incorporación de nuevas obras a la muestra "Deuda Externa Nunca Más".

Para ello se realizó una convocatoria a prestigiosos artistas, para luego incluir las obras seleccionadas: "Plan Brady, un sapo duro de tragar" de Carlos Filomía, una instalación del grupo Brutos Aires que trata sobre los índices de pobreza e indigencia, y un óleo de la artista plástica Margaret Sauvé, "La mano es argentina".

Por último se incorporó la obra "Álbum Bodas de Oro", que presenta las relaciones entre el Fondo Monetario Internacional y la Argentina. La misma fue ideada por María Paula Doberti sobre la base de la investigación realizada por Carlos Doberti.

Se actualizó la muestra incluyendo la evolución del endeudamiento desde 1971 a la fecha y su composición a marzo de 2006, incluyendo textos de Alfredo Eric Calcagno respecto del *Megacanje* y el pago al Fondo Monetario Internacional.

En julio el Museo reabrió sus puertas al público. Desde entonces pasaron gran cantidad de estudiantes universitarios, jubilados, colegios secundarios en visitas guiadas, turistas nacionales y extranjeros así como público en general, superando las 1.000 personas.

Además, el Museo formó parte del evento "La Noche de los Museos", organizado por el Ministerio de Cultura de la Ciudad Autónoma de Buenos Aires, que convocó a más de 300.000 personas, llegando a nuestra Facultad entre las 19 hs. y las 2 hs. del día siguiente, más de 500 visitantes. Con este fin se prepararon distintas actividades que incluyeron visitas guiadas permanentes, la proyección de un avance de la historieta "D.E.U.D.A.: Deuda Externa Un Dibujo Argentino", la exposición de un audiovisual a cargo de la profesora de Fotografía Amalia Retamozo y sus alumnos, y se presentó la obra de teatro "La Dama de las Camelias".

Complementariamente, el Museo formó parte de una muestra en el marco de un nuevo proyecto de circuito turístico de la Ciudad, organizado por el Gobierno de la Ciudad de Buenos Aires. En septiembre comenzaron a desarrollarse las tareas inherentes al Museo Itinerante, siendo llevado a la ciudad de San Pedro, provincia de Buenos Aires, en el marco de la Semana de la Juventud de dicho Municipio. La actividad consistió en la presentación del Museo frente a 800 estudiantes secundarios, que fueron divididos en cuatro charlas.

Asimismo, en el mes de octubre, el Museo fue llevado a la ciudad de Puerto San Julián, provincia de Santa Cruz, donde se realizó una exposición abierta a toda la comunidad, al que asistieron más de 300 interesados sobre la temática.

Se ha elaborado y editado la historieta "D.E.U.D.A.: Deuda Externa Un Dibujo Argentino", que fue presentada en el mes de diciembre.

La misma, que es una adaptación del libro "La nueva Deuda Externa", de Alfredo E. Calcagno y Eric Calcagno, pretende que parte de la población argentina, que hoy es ajena a la temática, pueda tener un acercamiento de una manera amena y fácil de comprender. Asimismo, se ha filmado un audiovisual del Museo en tres idiomas, castellano, inglés y francés, que sirve como material de difusión y es utilizado como material didáctico por el Museo Itinerante.

El MDE cuenta con un grupo de voluntarios que se reúne semanalmente, para desarrollar diversas actividades necesarias para desarrollar todas las acciones antes mencionadas. En este sentido, se han dedicado a la lectura y recopilación de materiales sobre la temática, a la realización de visitas guiadas y han aportado sus conocimientos y opiniones en el desarrollo de la historieta mencionada y del audiovisual. Ellos, al ingresar, pasan por un período de capacitación que incluye lecturas, discusiones, proyecciones y debates de películas, entre otros. A la vez, se dictó un curso de formación y capacitación titulado "Elementos macroeconómicos para el estudio del endeudamiento externo argentino" a cargo de la Cátedra Nacional de Economía "Arturo Jauretche".

Promoción de la responsabilidad social

Un área prioritaria de la Secretaría de Extensión Universitaria (SEU) es la promoción de la responsabilidad social. En este sentido, hemos desarrollado distintas líneas de acción. Entre ellas:

- Participamos de la organización del *Congreso Internacional Responsabilidad Social Empresarial, Universidad y Desarrollo.*
- Desarrollamos el curso *Responsabilidad Social: Ciudadanía en la Globalización.*
- Presentamos ante el Gobierno de la Ciudad de Buenos Aires un proyecto de formación continua en la temática, abierto a toda la comunidad.
- Establecimos contacto con la *Asociación de Concesionarios de Automotores de la República Argentina*, que en el marco de sus acciones de responsabilidad social empresaria han realizado una donación de ciertos bienes necesarios para el funcionamiento del Museo de la Deuda Externa.

Actividades de formación complementaria

En el marco de la SEU, se desarrollan Actividades de Formación Complementaria dirigidas tanto a los alumnos, graduados, docentes y no docentes de la Facultad de Ciencias Económicas, como a la comunidad en general. Durante el año 2006 más de 550 personas participaron de estas actividades.

Detallamos los cursos realizados durante el año 2006, algunos arancelados y otros gratuitos:

- Mercado de Capitales. Actividad conjunta con la *Fundación Bolsa de Comercio de Buenos Aires.*
- Introducción a la Teoría de los Juegos.
- Descubriendo la Función del Marketing.

- Coaching: Liderazgo y Potencial.
- RSE: Ciudadanía en la Globalización.
- Herramientas de Negociación.
- Ceremonial Empresario.
- La Problemática de la Habilitación de PyMES: Habilitaciones y Permisos.
- Formación de Emprendedores
- Capacitación para Microemprendedores. Actividad conjunta con la *Secretaría de Vinculación Ciudadana - Facultad de Derecho* de la UBA y el Gobierno de la Ciudad de Buenos Aires.
- Curso Introductorio de Cooperativas. Actividad conjunta con la Secretaría de Posgrado, en el marco del *Programa de Extensión de Estudios de Gestión de las Instituciones de Economía Social y Desarrollo de las Economías Regionales.*
- Las Empresas de la Economía Social, su importancia en la Economía Globalizada. Actividad conjunta con la Secretaría de Posgrado, en el marco del *Programa de Extensión de Estudios de Gestión de las Instituciones de Economía Social y Desarrollo de las Economías Regionales.*
- Curso de Asociativismo y la Economía Social.
- Economía de Comunión.

También debemos mencionar los seminarios y charlas realizados.
Entre ellas se encuentran:

- Responsabilidad Social Universitaria.
- La Propiedad Intelectual y el Acceso al Conocimiento en la Globalización.
- Elementos Macroeconómicos para el estudio del endeudamiento externo argentino. Actividad conjunta y dictada por la *Cátedra Nacional de Economía Arturo Jauretche.*

En el ámbito de la Subsecretaría de Extensión Universitaria funciona el *Centro de Capacitación del Tercer Sector*, que ha brindado los siguientes cursos de capacitación para la Gestión Deportiva:

- Administración de entidades deportivas.
- Finanzas.
- Mercadotecnia.
- Nuevas Tecnologías Aplicadas al Deporte.
- Legislación Deportiva.
- Medios de Comunicación, Relaciones Públicas y Deporte.
- Contabilidad, Régimen Tributario, Previsional.

Por último, debemos mencionar que desde julio comenzó a funcionar en el ámbito de la SEU el Centro Universitario de Idiomas, que realiza cursos de los siguientes idiomas: inglés, francés, italiano, portugués, alemán, español para extranjeros, chino, árabe, japonés, hebreo, quechua, guaraní y mapuche. Los alumnos de la Facultad que se inscribían por primera vez obtuvieron un descuento del 50% del arancel para asistir a dichas actividades.

Programa de voluntariado universitario

El Estatuto Universitario de la Universidad de Buenos Aires establece que la misma "guarda relaciones de solidaridad con la sociedad de la cual forma parte". En particular, estimula actividades que contribuyan sustancialmente al mejoramiento social del país, al afianzamiento de las instituciones democráticas y, a través de ello, a la afirmación del derecho y la justicia. Para cumplir con este objetivo consideramos necesario la generación de acciones que fortalezcan el vínculo entre los estudiantes, graduados, docentes y no docentes de la FCE y nuestra comunidad, a partir de la implementación de prácticas orientadas a la construcción de una sociedad más justa y participativa.

La SEU, a partir de la Resolución 457/06 del Consejo Directivo de nuestra Facultad, implementa el Programa de Voluntariado Universitario, que integra a alumnos, graduados, docentes y no docentes en distintas líneas de trabajo voluntario. Durante el año 2006, 96 voluntarios han participado del Programa. Reseñamos a continuación las acciones desarrolladas este año.

Museo de la Deuda Externa:

Este Proyecto de Voluntariado funciona en la Facultad hace ya varios años. Durante este año, los voluntarios luego de pasar por un período de formación en la temática de la Deuda Externa desarrollaron tareas de lectura, recopilación de información y catalogación de documentos. Otros voluntarios, se convirtieron en docentes del Museo, que son quienes realizan las visitas guiadas en el Salón de Exposiciones.

Oficina de Asistencia Integral a Micro y Pequeñas Empresas y Organizaciones No Gubernamentales:

En la Oficina los voluntarios, a la vez que asistieron a distintos cursos de capacitación, brindaron asesoramiento y apoyo a microemprendedores y organizaciones de la sociedad civil en temas contables, administrativos, jurídicos y económicos.

Promoción de los Derechos Humanos:

Los voluntarios han comenzado a elaborar un Proyecto de trabajo para la difusión y promoción del ejercicio de los Derechos Humanos entre adolescentes.

Actividades Comunitarias:

Los voluntarios asistieron desde mediados de 2006 todos los días sábados a dos comedores comunitarios, *Juntos Somos Más* del barrio de Paternal y *Niños Felices* del Bajo Flores de la Ciudad de Buenos Aires, para brindar apoyo escolar.

Dos de los Proyectos mencionados fueron presentados ante el *Ministerio de Educación, Ciencia y Tecnología* en el marco del *Programa de Voluntariado Universitario*, el Museo de la Deuda Externa y la Oficina de Asistencia Integral, para su aprobación y posible financiamiento, alcanzando ambas metas. En este sentido, el Ministerio ha otorgado recursos monetarios que facilitan las tareas solidarias y voluntarias que nos encontramos desarrollando.

Oficina de información y servicios
Guía de información y servicios

Se comenzó a elaborar una guía de información y servicios que incluye aquellas áreas en las que los alumnos suelen hacer consultas en nuestra Secretaría.

Un primer capítulo ya ha sido concluido y consiste en una Guía sobre la UBA, que no sólo incluye las Carreras de grado, con sus contenidos y materias, sino también información sobre el Ciclo Básico Común, los colegios y hospitales universitarios, entre otras cuestiones.

Información y difusión

Se ha realizado la difusión y brindado información sobre los siguientes eventos y actividades.
- Convocatoria Competencia *Trust by Danone*.
- Modelo Universitario de Naciones Unidas: programa de Política Internacional organizado por *Minu Asociación Civil*, con el auspicio del *Consejo Consultivo de la Sociedad Civil* de la Cancillería Argentina y UNHCR-ACNUR, la Agencia de la ONU para los Refugiados.

- Seminario Internacional sobre Modernización del Estado, organizado por Jefatura de Gabinete de Ministros.
- Noche de los Museos, evento organizado por el Ministerio de Cultura de la Ciudad de Buenos Aires.
- *Tercer Congreso Nacional de Políticas Sociales "Políticas y Acción Colectiva para la Inclusión Social"*, organizado por la Asociación Argentina de Políticas Sociales.
- Convocatoria a la Competencia *Estrar Challenge – Episode 7*, de la empresa L'Oreal.
- *Primera Jornada Nacional de Jóvenes libres de tabaco*, organizada por los Ministerios de Educación, Ciencia y Tecnología y de Salud de la Nación. Participaron de ella dos estudiantes en representación de la FCE, miembros del *Programa de Voluntariado Universitario*.
- 185° Aniversario de la UBA.
- Campaña "100% libre de Humo".
- Campaña de Vacunación contra la Hepatitis B, realizada por la Secretaría de Extensión Universitaria y Bienestar Estudiantil de la UBA.
- Cuarto Encuentro de Jóvenes Emprendedores, de la Unión Industrial de la Provincia de Buenos Aires.
- Segundo Foro Internacional de la Hoja de Coca, organizado por la Comunidad Twantinsuyu.
- Programa de Trainees 2007, del HSBC.
- Descuento en Servicios de la Asociación Cristiana de Jóvenes (YMCA), a la comunidad académica de la FCE.
- Colonia de Vacaciones para los hijos de los estudiantes de la UBA, organizada por la Asociación Cristiana de Jóvenes (YMCA).
- Descuento en turismo para los estudiantes de la UBA.

Jornada trabajo económicas

El 31 de mayo se realizó la Jornada Trabajo en Económicas. La misma fue organizada por la Secretaría de Extensión Universitaria y la Secretaría de Bienestar Estudiantil de la Facultad de Ciencias Económicas; el Centro de Estudiantes de Ciencias Económicas liderado por la agrupación "Nuevo Espacio"; Worktec Argentina y Universo Laboral.

La jornada, realizada en el "Hotel Sheraton Libertador", convocó a estudiantes, profesionales, universidades y empresas líderes a participar en las Conferencias, propuestas laborales e informar sobre qué tener en cuenta para la búsqueda laboral, a fin de que las personas puedan desarrollar una carrera laboral exitosa.

Dicha actividad permitió que los estudiantes de la Facultad puedan acercarse a las empresas líderes tanto para conocer más acerca del mundo laboral como para postularse como futuros profesionales de las mismas.

Jornadas movideas

Los días 19, 20 y 21 de agosto se realizó en la Facultad la Jornada Movideas 2006. La misma fue organizada por la Agrupación Scout Argentina y la Secretaría de Extensión Universitaria. Su objeto fue realizar la *Feria de Proyectos de Desarrollo Comunitario* de 30 grupos Scouts, tanto a nivel nacional como internacional, con la participación de 200 personas.

Entre las actividades desarrolladas, podemos destacar: visitas guiadas al Museo de la Deuda Externa, talleres de formación en temáticas vinculadas con Microemprendimientos, Derechos Humanos y Sociales (Dirección de Juventud del Gobierno de la Ciudad de Buenos Aires) e Historia de la Reforma Universitaria; así como también talleres culturales brindados por docentes del Centro Cultural Sábato.

Congreso Internacional de RSE, Universidad y Desarrollo

Del 4 al 6 de septiembre se desarrolló en la Facultad el "Congreso Internacional de Responsabilidad Social Empresaria, Universidad y Desarrollo" al cual concurrieron los distintos sectores vinculados con la temática: universidades, empresas, representantes gubernamentales y académicos, con el fin de abrir la discusión y poder desarrollar propuestas que permitan avanzar en las acciones realizadas.

La organización del Congreso estuvo a cargo de las siguientes Instituciones: Facultad de Ciencias Económicas a través de la Secretaría de Extensión Universitaria, la Secretaría de Graduados y el Centro Nacional de Responsabilidad Social Empresarial y Capital Social; la Asociación Europea de Dirección y Economía de la Empresa, la Universidad Rey Juan Carlos y el Programa de Desarrollo y el Programa de Naciones Unidas para el Desarrollo de América Latina y el Caribe.

Debemos destacar, dentro de las actividades desarrolladas, las ponencias del señor decano de la Facultad de Ciencias Económicas, doctor Alberto Barbieri; el doctor Bernardo Kliksberg, el ministro de Trabajo, Empleo y Seguridad Social, doctor Carlos Tomada; el ministro de Educación, Ciencia y Tecnología de la Nación, licenciado Daniel Filmus, entre otros.

Se realizaron distintas Sesiones, a las cuales asistieron 1.300 personas.

Encuesta Debate Ley Nacional de Educación

Frente a la necesidad de reformular la Ley de Educación Nacional, el Ministerio de Educación, Ciencia y Tecnología de la Nación llevó a cabo los días 29 y 30 de julio la "Encuesta sobre la Ley de Educación Nacional" con el fin de abrir el diálogo y conocer que considera la opinión pública acerca de las propuestas que podrían incluirse en la futura Ley de Educación.

Para llevar a cabo la encuesta, se convocó a voluntarios y sectores vinculados con la educación; los lugares elegidos fueron distintas esquinas de la Ciudad de Buenos Aires (85 puestos en toda la CABA) y del interior del país.

Desde la Secretaría de Extensión, y con la colaboración de los voluntarios, realizamos las encuestas en las esquinas de Av. Santa Fe y Av. Pueyrredón, y de Av. Santa Fe y Av. Callao.

Jornada: La Educación, herramienta de inclusión social

El viernes 20 de octubre se realizó el "Encuentro por la Educación" organizado por "Compromiso K", con el auspicio de la Secretaría de Extensión. El tema que dio lugar a la jornada fue los desafíos educativos en el marco de la inclusión social.

El acto de apertura estuvo presidido por el licenciado Federico Saravia el cual estuvo a cargo de las palabras de bienvenida. El panel de disertación estuvo a cargo de la diputada nacional – presidente de la Comisión de Educación, la señora Blanca Inés Osuna; la presidente del Consejo Provincial de Educación de Santa Cruz, licenciada Silvia Esteban; la secretaria técnica del Consejo Nacional de Coordinación de Política Social, doctora Matilde Morales.

El cierre de la jornada fue realizado por el intendente de la Ciudad de la Plata, doctor Julio Alak; el subsecretario de Obras Públicas de la Nación, ingeniero Raúl Rodríguez; y el ministro de Educación, Ciencia y Tecnología, licenciado Daniel Filmus.

La actividad convocó a 150 personas entre las que se encontraban representantes de los Consejos Escolares de la Provincia de Buenos Aires, diputados y sectores vinculados con el ámbito educacional. Al finalizar la misma se elaboró un documento en apoyo a la Ley de Educación Nacional.

Campaña de erradicación de rubéola congénita.

La Dirección de Salud de la UBA, en conjunto con el Ministerio de Salud de la Nación y el Gobierno de la Ciudad de Buenos Aires, organizaron una campaña de vacunación para la erradicación de la rubéola congénita. En Económicas, la campaña fue dirigida a todas las estudiantes, docentes y no docentes con edad entre 18 y 39 años.

La misma se realizó en el hall central de la Facultad hasta el 31 de octubre, fecha acordada como cese de la campaña nacional, en el horario de 9 a 15 hs.

La Secretaría de Extensión Universitaria de la Facultad de Ciencias Económicas realizó la difusión de la mencionada campaña, así como también brindó el apoyo necesario para que pudieran instalarse los puestos de vacunación.

Campaña examen salud obligatorio

La salud y la educación son derechos de todo ser humano y la Universidad de Buenos Aires como institución del Estado debe garantizarlas. Es por esto que con la realización del Examen de Salud Obligatorio se está cuidando la salud de la población estudiantil, desarrollando un conjunto de acciones de prevención y promoción, tendientes a concientizar sobre la importancia del cuidado de la salud.

Con motivo de los resultados del control realizado a los alumnos de la UBA, en los que se detectó un bajo porcentaje de concurrentes que se encontraban cursando los primeros años de las carreras, la Secretaría de Extensión Universitaria de la Facultad de Ciencias Económicas realizó una campaña de difusión del examen para todos los alumnos de nuestra casa de estudios.

Dicha campaña comenzó en el mes de abril de este año y continúa a la fecha. Hasta fines de 2006, 97 alumnos concurrieron a la Secretaría de Extensión para consultar por el examen.

Jornadas de educación superior nacional

Con el objetivo de informar y orientar acerca de la oferta educativa de las universidades nacionales y dar a conocer cuáles son las carreras que actualmente demandan la formación de profesionales para desempeñarse en el mundo laboral y académico; representantes de la Universidad de Buenos Aires participaron de las Jornadas de Educación Nacional en distintos puntos del interior del país.

El primero de ellos se realizó el 22 de agosto en Tierra del Fuego, en la sede de la *Universidad Tecnológica Nacional - Regional Río Grande*, al que asistieron más de 300 jóvenes de esta ciudad y de Tolhuin.

El Ministerio de Educación provincial convocó a la licenciada Leticia Pogliaghi y el señor Juan Escobar en representación de la Universidad de Buenos Aires; la Ministra de Educación, Marina Urdapilleta; el asesor del

Ministro de Educación de la Nación, licenciado Gonzalo Arias; el legislador provincial, señor Rubén Sciutto, como también a representantes de otras universidades nacionales.

El segundo encuentro se realizó el 23 de agosto en la ciudad de Ushuaia ante 200 jóvenes. La apertura oficial estuvo presidida por la Ministra de Educación, señora Marisa Urdapilleta y la presidente del Consejo Provincial de Becas, señora Ana Galarza. Al igual que las jornadas realizadas en Río Grande, el encuentro tuvo como objetivo brindar información a los alumnos del Ciclo Polimodal sobre las ofertas educativas de las distintas Universidades Nacionales y expusieron en representación de nuestra Casa de Estudios Juan Escobar y Leticia Pogliaghi.

El último encuentro, que convocó a 120 personas, se realizó durante los días 13 al 16 de octubre en los municipios de Puerto San Julián y Comandante Luis Piedra Buena.

Presidieron el acto de inauguración el Intendente de San Julián, señor Nelson Leadell y el secretario de Educación municipal. En representación de la Universidad de Buenos Aires, el Consejero Estudiantil señor Juan Cruz Arce y el señor Juan Escobar.

En esta ocasión no sólo se brindó información sobre las distintas ofertas académicas que ofrece la Universidad, la importancia de los estudios superiores y de la elección de la carrera, sino que también realizó la presentación del Museo de la Deuda Externa.

Semana del Estudiante: "Económicas vuelve a enamorar"

Con motivo del día del estudiante se realizaron en la FCE, durante la semana del 18 al 22 de septiembre, diferentes actividades, tanto de formación académica como culturales.

Desde la Secretaría de Extensión Universitaria se realizaron, en conjunto con otros sectores de la Facultad, las siguientes actividades:

- Charla: "Capacitación extracurricular de excelencia en la Facultad de Ciencias Económicas". El objetivo del taller consistió en difundir e informar al estudiantado sobre la oferta de Cursos de Capacitación extracurricular de la Secretaría de Extensión.
- "Comunas y Presupuesto Participativo". El objetivo central de la conferencia fue brindar información acerca de la conformación de "Comunas" en la Ciudad de Buenos Aires. Entre los temas abordados podemos mencionar: proceso de descentralización, características de las "Comunas", generación de instrumentos participativos, los Consejos Consultivos Comunales.

El panel estaba presidido por el licenciado Federico Saravia, secretario de Extensión Universitaria y director general de Atención Vecinal del Gobierno de la C.A.B.A., la señora Delia Bisutti, presidente de la Comisión de Descentralización y el señor Rodríguez Larreta.

- Charla: "Voluntariado Universitario y Universidad Pública" La charla tuvo por objeto informar el porque del voluntariado y su vinculación con la Responsabilidad Social Universitaria, difundir las actividades y proyectos que se desarrollan actualmente desde la Secretaría Universitaria, como así también convocar a todos aquellos alumnos interesados en participar de este proyecto.

Encuesta a estudiantes

Se realizó una encuesta entre los estudiantes de la FCE, con el fin de relevar sus intereses, y que los mismos sean un insumo para la definición de las líneas de acción y actividades de la SEU y la Secretaría de Bienestar Estudiantil, Cultura y Deportes. Fueron realizadas 1.098 encuestas efectivas.

Secretaría de Extensión Universitaria
Facultad de Ciencias Económicas
Universidad de Buenos Aires
Informe de Actividades
Año 2007
Secretario: licenciado Federico Saravia

Museo de la deuda externa

- Reabrió sus puertas y retomó las actividades que se realizan de manera periódica.
- Se comenzó a organizar y planificar las visitas al interior del país.
- Se llevaron las actividades del Museo Itinerante a las escuelas *Nacional Buenos Aires* y *Carlos Pellegrini*.
- Se comenzó a realizar la venta de la historieta *D.E.U.D.A. (Deuda Externa Un Dibujo Argentino)* en la SEU.
- Se gestionó la aparición en fascículos de la historieta *D.E.U.D.A. Deuda Externa Un Dibujo Argentino* en la revista *Actitud*.
- Se imprimieron los glosarios faltantes de la historieta.
- Se inventariaron las donaciones de ACARA.
- Se elaboró el guión de audio del museo en varios idiomas y fue grabado en reproductores de MP3, para que los turistas extranjeros puedan seguir la recorrida.

- Se realizó una reunión con Diego Apolo, interesado en filmar un corto sobre el Museo.
- Se terminó la elaboración de la segunda historieta sobre la Deuda Externa. En este caso, el tema será las Bodas de Oro con el FMI. Se calcula que para el primer mes del 2008 se realizará la edición del mismo.
- Se realizó la grabación de un micro del Museo a ser difundido en Radio Cooperativa en todos los programas informativos los días lunes a viernes.
- Noche de los Museos: la organización de este evento que convocó a más de 1000 personas, incluyó una muestra fotográfica titulada "Viajes" a cargo de Rubén Carrión, Valeria Kampel y Federico Macko, la presentación de dos obras de teatro: "Las causas de Don Juan" (una versión biomecánica) del Grupo Tres Picos y "Una Sola" de producción propia del CC Sábato, la proyección de un espectáculo de diapositivas en formato audiovisual (elaborado por Amalia Retamozo y Graciela Bazán) y las visitas guiadas durante toda la noche.
- Organización de la "Semana de la Verdad, la Memoria y la Justicia" que contó con una muestra fotográfica "El Recorrido de la Memoria", una muestra plástica "Lo que pasó puede volver a pasar" del artista plástico Alberto Tadey, una charla-debate: "Dictadura y Poder Económico", una charla-homenaje por la muertes de Rodolfo Walsh y Alberto Chejolán, y una actividad de cine-debate con la proyección del film "Kamchatka" del director argentino Marcelo Piñeyro. Se contaron más de 500 asistentes a las diferentes actividades que se llevaron adelante.
- Seminario "30 años de Dependencia Financiera" organizado junto a la Cátedra Nacional de Economía Arturo Jauretche.
- Coordinación de visitas guiadas a instituciones.
- Visitas guiadas a los 15 Directores Socioculturales de los CGPC, en coordinación con la *Dirección General de Desarrollo Sociocultural* del *Ministerio de Gestión Pública y Descentralización* del Gobierno de la Ciudad Autónoma de Buenos Aires (gestión Jorge Telerman).
- Organización del Ciclo de Cine Documental que contó con la asistencia de más de 100 personas; se proyectaron 4 films: "Memoria del Saqueo" de Fernando Pino Solanas, "La mayor estafa al Pueblo Argentino" de Diego Musiak, "Deuda" de Jorge Lanata y Andrés Schaer y "Plata Dulce" de Fernando Ayala.
- Reportaje de radio en vivo por parte del periodista Tramezzani, Radio AM 1050.

- Envío de 3510 Comic D.E.U.D.A. a las 1170 Escuelas Públicas de gestión estatal y privada de la Ciudad Autónoma de Buenos Aires, mediante convenio con el Ministerio de Educación porteña (gestión Telerman).
- Visitas guiadas a escuelas secundarias y a público en general.
- Proyección de audiovisual y debate en escuelas secundarias de la CABA.
- Lectura y comentarios del comic *"50 años de relaciones con el FMI"*.
- Escritura y difusión de notas en "La U", La Gaceta de Económicas y la revista *Actitud* (redactadas por el licenciado Federico Saravia y Juan Escobar).
- Reunión con los docentes del Museo y convocatoria de éstos para diferentes actividades.
- Convocatoria de nuevos Voluntarios del Museo para diversas actividades y participación de reuniones con los mismos.
- Redacción y corrección del guión para la grabación del audio guías en formato MP3.
- Reforma del Museo y puesta en valor del mismo.
- Incorporación del Museo en la página de turismo del GCBA (gestión Telerman).
- Registro de los visitantes del Museo.
- Respuesta a dudas, inquietudes y sugerencias tanto de visitantes como de e-mails.
- Organización de la itinerancia de la muestra fotográfica "El recorrido de la Memoria" que se expuso en los CGPC 13, 14 y 15.
- Pasaron por el museo más de 800 personas durante el año que incluyeron público de Capital Federal, el Conurbano Bonaerense, el Interior del País, y el extranjero.

Actividades de formación complementaria

Se desarrollaron los siguientes cursos en el marco de Actividades de Formación Complementaria:

- Business plan.
- Marketing personal: herramientas para la autogestión laboral.
- Ceremonial empresario.
- Coaching: liderazgo y desarrollo de potencial.
- Presupuesto en el sector público.
- Introducción a la teoría de los juegos.
- Presupuesto y control de gestión.

- Coaching I.
- Introducción a las asociaciones mutuales.
- Diálogos apreciativos.
- Estructura de financiamiento de mercado de valores.
- Introducción a las cooperativas de trabajo.
- Además, comenzó el Ciclo de Conferencias gratuitas: "Cómo mejorar la productividad de las pymes a través de la tecnología", organizado por los docentes licenciado Gustavo Tondi y licenciado Darío Fainsod. En este sentido, se realizó la Primera Conferencia: "Cómo mejorar la gestión de los clientes a partir del uso de tecnología". El total asistentes fue de 153 y el total de dinero recaudado fue de $ 6.220. De este monto el 50% corresponde a la FCE y el 50% restante, a los honorarios de los docentes.
- Se realizaron las inscripciones a los cursos del Centro Universitario de Idiomas (CUI), en los siguientes idiomas: inglés, francés, italiano, portugués, alemán, español para extranjeros, chino, árabe, japonés, hebreo, quechua, guaraní y mapuche. 221 alumnos de la Facultad que se inscribieron por primera vez, obtuvieron un descuento del 50% del arancel para asistir a dichas actividades.
- Se realizó la campaña de difusión del "Juego Danone"
- Se coordinó con el CUI organizar el trabajo de manera tal que Leticia Pogliaghi sea la persona que articule las actividades entre el Centro y la SEU. Se comenzó a trabajar según dicho sistema.

Programa de voluntariado universitario

- Se comenzó a reestructurar el Proyecto de Promoción de los Derechos Humanos.
- Se comenzó a elaborar los informes de avance y rendiciones de los subsidios otorgados por el Ministerio de Educación, Ciencia y Tecnología de la Nación en el marco del Programa Voluntariado Universitario en el año 2006.
- Se asistió a la presentación de la Segunda Edición del Programa Voluntariado Universitario del Ministerio de Educación, Ciencia y Tecnología de la Nación.
- Se presentó el Proyecto de Capacitación "Voluntariado en/con /desde las Organizaciones" ante la *Dirección General de Promoción del Voluntariado y la Sociedad Civil* del Gobierno de la Ciudad de Buenos Aires, con el fin de solicitar un subsidio para su ejecución.
- Se comenzó la elaboración de tres nuevos Proyectos de Voluntariado

Universitario con el fin de ser presentados ante el Programa Voluntariado Universitario del Ministerio de Educación, Ciencia y Tecnología de la Nación, con el fin de solicitar un subsidio para su ejecución.

- Se realizó un acta compromiso por el Programa de Voluntariado del Museo de la Deuda Externa con el Ministerio de Educación Nacional. Ese año asistieron al Programa de Voluntariado del Museo, un grupo de estudiantes extranjeros de intercambio, de nacionalidad española.
- Se confeccionó y aprobó por Consejo Directivo el Seminario de Integración y Aplicación de Responsabilidad Social Universitaria entre el Cenarsecs y la Secretaría de Extensión Universitaria, para la carrera de Licenciatura en Administración.
- Se realizaron las campañas de ayuda por las inundaciones de Entre Ríos y Santa Fe, y se aprobó la campaña de donación de sangre del Hospital de Niños, doctor Ricardo Gutiérrez.
- Se realizó la primera entrega, a fin de año, de certificados a los voluntarios que participaron de los programas de voluntariado de la Secretaría, y aquellos docentes que dictaron cursos de Extensión Universitaria.

Comercialización productos oficiales FCE

- Se realizó la mudanza del área de Comercialización de Productos Oficiales de la FCE a la SEU.
- Se organizó la exposición de dichos productos en la SEU y en el Museo de la Deuda Externa.
- En tanto el área sigue funcionando bajo la órbita del subsecretario general, se organizó con él el circuito administrativo que debería seguirse para el caso de las ventas y obsequios.
- Se realizaron cinco entregas a distintas autoridades de la FCE de productos con el fin de ser obsequiados. Todas fueron autorizadas y firmadas por el señor Walter Berardo.

Oficina de información y servicios
Guía de información y servicios

Se agregaron los siguientes temas a la Guía comenzada en 2006:
- Museos
- Centro culturales
- Pensiones
- Bibliotecas municipales

- Librerías
- Jardines maternales
- Espacios de Atención
- Programas de asistencia
- Red de defensorías
- Hospitales
- Centros Médicos Barriales
- Ferias artesanales
- Transporte
- Información Académica (Sistema de pases y simultaneidades en la Facultad)
- Consultoras/ Bolsas de trabajo
- Clases Particulares del Centro de Estudiantes de Ciencias Económicas.
- Se comenzó a realizar las correcciones de estilo y formato.
- Se revisaron las consultas que los alumnos realizan diariamente para incluirlas en la guía.

Información y difusión

- Se retomó la difusión y se continúa brindando información sobre el Examen de Salud Obligatorio. Se ha realizado la difusión y brindado información sobre los siguientes eventos y actividades.
- Colonia de Vacaciones de la YMCA
- Examen de Salud Obligatorio de la UBA
- Premio Anual de Investigación Económica del BCRA
- Experiencia AIESEG de AISEG
- Becas Masotegui de la Dirección General de Becas de la UBA
- Becas Sarmiento de la Dirección General de Becas de la UBA
- Fútbol de la Dirección de Deportes de la UBA
- Campaña de prevención contra el SIDA
- Cursos del Centro Universitario de Idiomas
- Becas CUI para el personal de la Facultad
- Descuentos en empresas de transporte de larga distancia, teatros y cines
- Promociones sobre residencias y departamentos para extranjeros o alumnos del interior
- Se diseñó y colocó la señalética de la Secretaría de Extensión Universitaria

Feria de Educación Superior China Siglo XXI

Se colaboró en la organización, se difundió, se brindó información y realización el día 23 de marzo de la Feria mencionada.

Semana por la Verdad, la Memoria y la Justicia

Del 26 al 30 de marzo la SEU, en conjunto con la Secretaría de Bienestar Estudiantil, Cultura y Deportes, organizó las siguientes actividades.

- Muestra Fotográfica: "El Recorrido de la Memoria" de la fotógrafa y profesora del Taller de Fotografía del Centro Cultural Sabato.
- Muestra: "Lo que pasó puede volver a pasar" del artista plástico Osvaldo Tadey.
- Charla-debate: "Dictadura y Poder Económico (1976-1983)", a cargo de los oradores doctor Mario Damil, licenciado Pablo García y licenciado Martín Burgos.
- Charla: Homenaje a Rodolfo Walsh y Alberto Chejolán, a cargo de Ana María Careaga, Noé Jitrik, Tununa Mercado, Carmelo Sardinas y Teófilo Tapia. Actividad organizada en conjunto con el Instituto Espacio para la Memoria, Ministerio de Derecho Humanos y Sociales del Gobierno de la Ciudad de Buenos Aires.
- Charla sobre Malvinas.
- Cine-debate: Proyección de la película "Kamchatka" de Marcelo Piñeyro.
- Realización de un afiche con la leyenda "Nunca Más".

Informe de gestión 2008

Secretaría de extensión universitaria
(1er. semestre 2008)

Secretaría de bienestar estudiantil
(2do. semestre 2008)

Difusión y Servicios

Situación General

- Cultura: Se encuentran comprendidas en esta área, entradas de cine, obras de teatro, espectáculos variados, sorteos de dvds, los beneficios de la Asociación Cristiana de Jóvenes (YMCA) para estudiantes, docentes y personal no docente de la facultad, descuentos en librerías para los estudiantes de Ciencias Económicas.
- Transporte: A través de un convenio realizado por la Universidad de Buenos Aires, se realizaron descuentos en los viajes de larga y corta distancia para los alumnos de la UBA, en diferentes empresas de ómnibus.
- Salud: Se realizó la difusión de las campañas de:
  1. Vacunación contra la Rubéola para hombres (Ministerio de Salud).
  2. El Programa de Atención Asistencial Gratuita para todos los estudiantes de la UBA sin cobertura de salud (organizado por la UBA).
  3. Examen de Salud obligatorio.
  4. Campaña de prevención contra el SIDA (organizada por la Dirección de salud de la UBA).
  5. Posibilidad Laboral para alumnos con discapacidad (organizada por PRODISUBA CBC de la UBA en conjunto con el gobierno de la provincia de Buenos Aires), cuyo fin es lograr una inserción laboral de las personas con discapacidad.
- Difusión del servicio ofrecido por la Editorial Tiflo de libros para personas con ceguera.
- Difusión del servicio de reorientación para estudiantes, charlas informativas sobre las carreras.

Todas las campañas y beneficios fueron difundidas mediante afiches en todas las carteleras de la Secretaría, así como en las carteleras de Biblioteca, Museo, etcétera.

- Comisión de Discapacidad: Desde principio de este año la Secretaría de Bienestar Estudiantil participó de las reuniones de la Comisión de Discapacidad de la UBA, realizadas mensualmente.

La Secretaría presentó un informe de las dificultades edilicias que presenta la Facultad, para todos los alumnos con capacidades motrices diferentes. Este informe forma parte de un Proyecto que presentó la Comisión de Discapacidad al rectorado de la UBA, el cual se encuentra en curso hasta la fecha.

Resultados alcanzados:

Mediante la difusión de los diferentes beneficios mencionados, se obtuvo una gran cantidad de datos de alumnos de la facultad (correos electrónicos), para realizarse posteriormente la difusión de las actividades de la Secretaría. Se recibió una efectiva respuesta por parte de los estudiantes, informando cuáles son las necesidades que consideran, aún faltan cubrir por parte de la Facultad.

Actividades en curso:

La Secretaría se encuentra organizando una reunión con los directores de todos los departamentos de carrera, la cual fue posible gracias a la ayuda del profesor Marzullo, para gestionar la cursada de las materias faltantes para concluir la carrera de Contador Público, de un alumno con discapacidad visual y motriz al cual se le dificulta la cursada normal.

Se están realizando los detalles finales para la confección de la Guía del Estudiante, la cual detallará información sobre todos los beneficios que brinda la Secretaría de Bienestar Estudiantil a todos los alumnos, la información sobre los cursos extracurriculares, voluntariado, becas, descuentos, cursos de idioma (en el CUI), y toda la información detallada en las tareas de la oficina de Información y Servicios, así como también la información de todos los trámites que se realizan en la universidad y demás.

Estamos comunicándonos con empresas y fundaciones para solicitar la donación de herramientas necesarias para las actividades de la Secretaría de Bienestar y el Museo de la Deuda.

Actualmente estamos a la espera de la confirmación del Banco Credicoop (quienes realizarían una donación de Museo de la deuda), la Fundación Andreani, la Fundación Telefónica, Banco Ciudad, y la empresa Lenovo, así como también nos han confirmado la donación de 150 libros de la carrera de Economía para la Facultad.

Recepción:

- Atención al público (información sobre todas las actividades de la

secretaria, preguntas frecuentes durante el segundo cuatrimestre referidas a la inscripción a la Facultad).
- Recepción de llamadas.
- Otorgamiento de medias becas a los alumnos de la facultad que se inscriben por primera vez en el CUI.
- Inscripciones de los cursos de la Secretaría.
- Certificaciones de la Secretaria.
- Organización de las medallas, Placas y estuches que se entregaron durante los eventos del 23 de septiembre, el 7 de octubre y el 95 aniversario de la FCE.
- Organización de los regalos del decano a los participantes en los eventos antes mencionados que consiste en una caja con un DVD, una foto y una cartas del decano. Éstas fueron mandadas por correo privado.
- Control y actualización de las carteleras se la secretaría.
- Difusión vía mail de las actividades de la Secretaría y de la Facultad.
- Recepción y entrega de correspondencia de correspondencia.
- Confección de memos, notas, expedientes.
- Venta de artículos de la Facultad. Rendición de las ventas, control de stock.
- Control, reenvío y contestación de mails.

Becas:

La oficina de becas pasó a formar parte de la administración de esta Secretaría a partir de julio del corriente año.

La misma comprende la administración de las becas Alfredo Palacios y el control académico, difusión y organización de la convocatoria de las becas Sarmiento y Sarmiento Banco Patagonia.
- Las Becas Alfredo Palacios son 150 becas otorgadas por la Facultad a todos los alumnos de carrera de grado, que cumplan con los requisitos establecidos en el reglamento de la misma.
- Las becas Sarmiento son 150 becas otorgadas por la Universidad de Buenos Aires, a los alumnos de todas las facultades de la UBA que cursen carreras de grado y cumplan con los requisitos establecidos en el reglamento de la misma.
- Las becas Sarmiento Banco Patagonia son 63 becas cuya financiación es realizada por el aporte del Banco Patagonia, mediante un convenio con la Universidad.

Situación general:

Administrativamente, el cobro de las becas Alfredo Palacios se encontraba con un retraso de 3 meses.

Las Becas Sarmiento no se encontraban con cupo completo.

Resultados obtenidos:

El cobro de las Becas Palacios se regularizó, al día de la fecha los alumnos ya han percibido el cobro correspondiente al mes de octubre y se encuentra en curso administrativo el cobro correspondiente al mes de noviembre.

Se realizó un relevamiento de los legajos de cada becario y se completaron con toda la documentación obligatoria.

Actualmente hay:
* 150 becarios Palacios
* 46 becarios Sarmiento
* 14 becarios Sarmiento Banco Patagonia.

Se realizó la difusión de la 8ª Convocatoria de Becas Sarmiento, mediante afiches en todas las carteleras de la Facultad y mailing.

No se obtuvo el resultado esperado, sólo se presentaron 30 alumnos a la convocatoria (entre los que se encuentran los alumnos que debían renovar su beca por finalización de la misma). Consideramos que los motivos fueron una falta de difusión en las sedes, responsabilidad de la oficina de becas de la Facultad.

Como medida tomada por la Secretaría de Bienestar para remediar esta situación, se realizó la impresión de 3.000 volantes con los requisitos e información de las becas Sarmiento, los cuales fueron distribuidos a las sedes de San Isidro, Avellaneda, Paternal, con el fin de extender la convocatoria de alumnos para el próximo año.

Se presentó en Consejo Directivo el Proyecto de aumentar el monto de la Beca Palacios de pesos $150 a $210.

Servicio de Orientación Vocacional:

A cargo de la licenciada Viviana Sanchez Negrette.

Análisis cualitativo

Reorientación Vocacional: dirigida a estudiantes de la Facultad de Ciencias Económicas que, por alguna razón, se encuentran replanteando su elección vocacional y sienten la necesidad de redefinir su vocación. Es una actividad individual desarrollada en aproximadamente hasta 7 sesiones, distribuidas semanalmente.

Son sesiones individuales, no aranceladas y para acceder a las mismas se debe solicitar un turno en la Secretaría.

Para ello se requiere como recursos:

* la atención profesional,
* lugar que permita la realización de las sesiones en forma privada,
* escritorio, sillas, elementos de librería,
* tests psicológicos,
* asistencia administrativa para recepcionar interesados y dar turnos.

Charlas Informativas sobre las Carreras de la Facultad de Ciencias Económicas: dirigida especialmente a estudiantes de nivel medio y al público en general interesados en las carreras que se dictan en la Facultad.

En las mismas se brinda información relacionada al oficio del estudiante de la Facultad, régimen de cursada, aspectos administrativos, planes de estudio, campos profesionales e inserción laboral de cada una de las carreras. Se dicta dos veces por mes en la Facultad de Ciencias Económicas.

La inscripción es libre y gratuita.

Recursos necesarios:

* Aula acorde con la cantidad de inscriptos
* Guía con información sobre las carreras
* Monocañón y pantalla para presentación en power point
* Asistencia profesional para el dictado de las mismas.

También se ha concurrido con presencia profesional y materiales informativos audiovisuales y guías informativas a las charlas a las que fuimos convocados de parte de:

* Colegio Nacional Buenos Aires, donde además llevamos graduados representantes de cada una de las carreras.
* Colegio Carlos Pellegrini
* ILSE (dos charlas)
* Dirección de Orientación del Ciclo Básico Común
* Dirección de Orientación al Estudiante de la UBA

Atención de Consultas por Internet: dirigida a la comunidad en general que requiere información puntual especialmente en temas relacionados con forma, requisitos y fechas de inscripción, aspectos administrativos, planes de estudio, perfiles profesionales, campos profesionales e inserción laboral de cada una de las carreras de la Facultad.

Realización de la Guía del Estudiante de la Facultad de Ciencias Económicas: Compilación y conformación de información pertinente a interesados en las carreras de la Facultad y estudiantes noveles de la misma. Esta Guía se encuentra supervisada y corregida por la Secretaría Académica de la Facultad.

La información presentada en este material está conformada por los siguientes ítems:

- Información explicativa sobre del Plan de Estudios.
- Formas de cursar en la Facultad.
- Sistema de Evaluación.
- Lugares donde se cursa: sedes y medios para llegar.
- Aspectos administrativos
- Datos útiles donde se informa sobre: Centro de Estudiantes de Ciencias Económicas, Pasantías y Biblioteca.
- Perfil de cada una de las Carreras de la Facultad de Ciencias Económicas donde se detallan particularmente los siguientes aspectos:
- Perfil del profesional.
- Campo profesional.
- Modalidad en que se puede desempeñar cada profesional.
- Inserción laboral.
- Perspectiva de cada carrera hacia el futuro.
- Plan de estudios.
- Programa de las materias de las Carreras de la Facultad de Ciencias Económicas.
- Gráfico del Plan de Estudio de las Carreras de la Facultad de Ciencias Económicas.

La información ha sido tomada de las siguientes fuentes:

- Resoluciones de Consejo Directivo de la Facultad de Ciencias Económicas - UBA
- Directores de Carrera de la Facultad
- Charlas Informativas sobre las carreras de la Facultad de Ciencias Económicas
- Revista *Temas y Propuestas*
- Páginas web
- Facultad de Ciencias Económicas
- Universidad de Buenos Aires
- Ciclo Básico Común de la UBA
- Centro de Estudiantes de Ciencias Económicas (CECE).

La realización de esta guía y su seguimiento en el tiempo requerirá de una constante modificación a los fines de mostrar información fidedigna.

Cabe destacar que algunos de sus datos ya fueron tomados por la Facultad para ser utilizados en la nueva página web.

El proyecto en relación con este material es darle una presentación digital que tenga un valor económico inferior a fin de permitir su mejor distribución en diferentes instituciones o interesados que así lo requieran.

Proyecto de Servicio de Orientación:

Desde el origen de este servicio se tuvo la convicción de que se debería trabajar para favorecer tanto el acceso a la Facultad como aportar para la permanencia y conclusión de los estudios a sus alumnos. Si la vocación no es alimentada a través de contar con los instrumentos necesarios para desarrollarla, profundizarla, complejizarla a través de nuevas reelecciones, probablemente vaya perdiendo intensidad y se convierta para muchos en una irrecuperable oportunidad, ya sea por perderse el momento adecuado o porque finalmente se convenza de que no cuenta con las habilidades necesarias para ella.

Es así que se considera conveniente desarrollar otras actividades tendientes a apuntalar al estudiante en el transcurso de sus estudios, actividades que tienen que ver con las necesidades de los estudiantes en las diferentes etapas por las que va atravesando desde antes del ingreso a la Facultad como posterior a su egreso.

Estas actividades tienen que ver con desarrollar en el servicio un campo específico relacionado a la Orientación Educativa, en donde se desarrollen actividades de capacitación sobre:

- Metodologías de estudio
- Planificación y organización del estudio
- Técnicas para preparar y desenvolverse en exámenes
- Claves para la búsqueda de empleo
- Seminario sobre las Carreras de Ciencias Económicas dirigidos a estudiantes que están en la transición entre el ciclo general y el profesional con el fin de aportarle información que les permita redefinir la elección de su carrera
- Promover la realización de cursos sobre:
- Escritura Académica
- Ingles Técnico
- Metodología de Investigación Científica
- Redacción
- Redacción y Confección de Informes y Proyectos

- Reuniones de Intercambio profesional para alumnos próximos a graduarse y graduados
- Formación de Voluntarios que desde su lugar de alumnos avanzados asistan a estudiantes noveles de la Facultad con funciones de informar sobre las diferentes carreras de esta institución en temas puntuales, asesorar sobre aspectos administrativos, régimen de cursada y evaluación, trayectos curriculares y apuntalamiento en momentos críticos del estudiantes y conexión o derivación hacia diferentes servicios o beneficios que otorga la Facultad
- A través del intercambio permanente con diferentes sectores académicos y estudiantiles de la Facultad y contando con su aporte, elaborar diferentes acciones que faciliten el ingreso, curso y finalización de los estudios.

Por otra parte se considera apropiado la presentación de la Guía del Estudiante de la Facultad de Ciencias Económica a la comunidad educativa de la UBA y al público en general, a fin de dar a conocer su existencia y su contenido considerando especialmente la invitación a la Secretaría de Educación Media de la Ciudad de Buenos Aires, diferentes organismos públicos y privados a quienes les pueda resultar de interés así como también a organizaciones dedicadas a la Orientación Vocacional para su divulgación.

Análisis cuantitativo

Cantidad de personas a las que alcanzó el Servicio de Orientación

Actividad	Feb.	Mar	Abril	May	Jun	Jul	Ago	Sept.	Oct.	Nov	Dic.	Total
Reorientación Vocacional	4	5	7	7	8	16	5	11	18	8	-------	89
Charlas Informativas	20	25	15	85	337	43	50	29	46	82	-------	732
Participación en Actividades	------	------	-------	-------	80	200	400	--------	-------	-------	-------	680
Atención de consultas por Internet	30	58	45	70	125	68	74	135	20	20	-------	645
Total	54	88	67	162	550	327	529	175	84	110	------	2146

Cursos de la Secretaría de Bienestar Estudiantil

Cursos realizados

A lo largo del año se realizaron varios cursos de formación extracurricular, tanto arancelados como gratuitos.

Detalle:
• 1er. cuatrimestre.
a) Administración de Carteras de Inversión
b) Business Plan
c) Ceremonial y Protocolo para la Empresa y su Personal
d) Cómo Crear y Formalizar una Empresa
e) Programa de Negocios de Commodities Agrícolas
f) Teoría de los Juegos
g) Voluntariado en/ con/ desde las Organizaciones.

A los mismos concurrieron doscientas tres (203) personas entre alumnos, graduados, docentes y comunidad en general.
• 2do. cuatrimestre.
a) Business Plan
b) Conflicto y Negociación
c) Curso de Introducción al Cooperativismo
d) Economía de la Comunión
e) Marketing Personal
f) Presupuesto y Control
g) Voluntariado en/ con/ desde las Organizaciones.

A los mismos concurrieron noventa (90) personas entre alumnos, graduados, docentes y comunidad en general.

Se realizó un convenio de trabajo con el Gobierno de la Ciudad de Buenos Aires, para la realización de cursos orientados al personal de dicha institución, los mismos fueron diseñados según las necesidades puntuales detectadas por el Instituto Superior de la Carrera del Gobierno de la Ciudad de Buenos Aires. La Secretaría de Bienestar Estudiantil designó para el dictado de los cursos a prestigiosos profesores de la Facultad de Ciencias Económicas y reconocidos profesionales en medios públicos y privados, con amplia experiencia gerencial de consultoría en distintas empresas u organismos.

Este convenio de trabajo nucleó dos convenios específicos:
• Convenio Específico N° 1. Contenido:
a) Gestión, Administración Financiera y Control del Sector Público.

b) Actividades Comerciales en CABA – Procedimiento de Habilitaciones, Inspecciones y Sanciones.

c) Contravenciones, Faltas y Sanciones en la CABA – Su incidencia en la Actividad Económica de la PYME.

d) Auditoría Gubernamental.

e) Curso Básico de Presupuesto en el Sector Público.

f) Compras y Contrataciones de Bienes y Servicio.

g) Gestión de Calidad en el Sector Público.

h) Técnicas y Herramientas de Planificación.

i) SIGAF.

Dictados durante el 1er. cuatrimestre del 2008. A esta primera etapa asistieron un total de cuatrocientas treinta y ocho (438) personas.

• Convenio Específico N° 2. Contenido:

a) Comunicación y Políticas Ambientales Urbanas

b) Gestión Profesional de Organizaciones Culturales Públicas

c) Normas Contables Profesionales

d) Sistema de Gestión y Administración Financiera del Sector Público

e) Diseño de Información para actuar en Contextos de Intoxicación

f) Actividades Comerciales en la C.A.B.A., Procedimiento de Habilitaciones, Inspecciones y Sanciones

g) Contravenciones, Faltas y Sanciones en la C.A.B.A: su incidencia en la actividad económica de la PYME

h) SIGAF.

Dictados durante el 2do. cuatrimestre del 2008. En esta segunda etapa asistieron un total de trescientas sesenta y ocho (368) personas.

Los cursos, de ambos convenios, tuvieron una carga horaria de 32 hs más 52 hs de planificación y evaluación académica, desarrollo de contenidos y coordinación logística.

A los asistentes de los cursos, ya sean por convenio como a los de formación extracurricular de la SBE, que contaran con un 75% de concurrencia, se les entregaron los correspondientes certificados de asistencia y se realizaron encuestas para la evaluación de la cursada.

Otros programas realizados
Programa de Difusión Bursátil (Pro.Di.Bur):

Por tercera vez consecutiva participamos como institución en el programa, realizando la difusión e inscripción tanto de alumnos, graduados, docentes y comunidad en general asociada con la Facultad.

La inscripción se desarrolló en dos semanas, con un total de noventa y tres (93) inscriptos. La simulación se desarrollaba a lo largo de tres semanas seguidas, del 3 al 24 de noviembre, con dos ingresos de minutas por semana como mínimo. Para la Facultad nos fue muy grato contar dos alumnos en los dos primeros puestos del ranking general durante una semana seguida.

La actividad permitió la comunicación fluida con la población referida anteriormente, factor que esperamos afianzar con otras actividades a futuro.

Visita Guiada a la Bolsa de Comercio de Buenos Aires:

A partir de este año comenzamos a realizar visitas guiadas la primera, orientada a los participantes de Pro.Di.Bur, que se llevó a cabo el 17 de noviembre del corriente año y contó con la inscripción de diez personas, la misma se realizó en el horario de 16 a 17.30 hs.

Recibimos muy buenos comentarios sobre el evento, factor por el cual esperamos continuar con las mismas el año que viene.

Conferencia: "La Crisis Internacional y su impacto en la Argentina":

La charla se realizó el 21 de noviembre a las 19 hs en el salón de actos, el disertante fue el profesor Gustavo Neffa, quien disertó durante una hora y media sobre la crisis mundial y específicamente sobre mercado de capitales.

Presentaciones realizadas:

Inscripción en el Registro de Entidades de Apoyo a MiPyMes de la Ciudad Autónoma de Buenos Aires.

Realizamos la presentación el 16 de septiembre, pero por el momento contamos con un registro provisorio 000111, nos mantenemos en contacto con la señorita Alejandra Vivas.

Propuesta realizada a la Agencia Prosperar:

Presentamos una propuesta de trabajo conjunto a la doctora Beatriz Nofal el 29 de octubre, con el objeto de formar emprendedores, que despertó el interés por parte de la Agencia, motivo por el cual nos mantenemos en contacto con la señóra María Eugenia Donadille.

Trabajando para el Futuro

Blog Secretaría de Bienestar Estudiantil:

Comenzamos a realizar la estructura del Blog de la SBE, contamos con el apoyo de dos voluntarios que serán los coordinadores del mismo y se encargarán de recopilar las notas que serán publicadas.

Por el momento el sitio se encuentra montado en un servidor prestado, con un dominio provisorio, esperamos poder contar con el dominio original el cual será sugerido por los alumnos a través de una propuesta que realizará la Secretaría.

Encuestas de Difusión SB

Estamos desarrollando encuestas para el análisis de la imagen institucional de la Secretaría de Bienestar Estudiantil, las mismas están siendo elaboradas en conjunto con la guía del estudiante.

Para el armado de las encuestas estamos recibiendo la colaboración ad honorem del profesor Hilario Wynarczyk, investigador dedicado a las ciencias sociales.

El relevamiento se realizará en los meses de febrero y marzo del año que viene, a los alumnos que vengan a inscribirse y a comienzo del año lectivo. El procedimiento será realizado por personal de la Secretaría formado para tal fin, quienes además de realizar la encuesta entregarán la guía del estudiante en el hall de entrada de la Facultad.

Convenio para cursos

Estamos desarrollando dos convenios con Fundación Apertura y Asociación Civil "Gestión y Administración Responsable para Gobiernos", orientados a la formación de los ciudadanos en la administración pública, ambos proyectos están en elaboración, y se espera comenzar a implementarlos a principios del año que viene.

Cursos, conferencias y visitas

A partir del año que viene se busca realizar una mayor oferta de cursos, sobre todo orientados a los vacíos de conocimiento que existen en el alumnado, focalizándonos en sus necesidades futuras como profesionales.

También esperamos realizar una mayor cantidad de visitas guiadas, tanto a la Bolsa de Comercio de Buenos Aires como a otras organizaciones, del sector industrial o de servicios, para despertar un mayor conocimiento práctico en los alumnos y generar un vínculo más fuerte con la Secretaría y por ende con la Facultad.

Esperamos poder contar con la presencia de personalidades reconocidas por la comunidad para achicar la brecha de la Facultad con la sociedad, y que se animen a participar de eventos organizados desde nuestra casa de altos estudios a través de la Secretaría de Bienestar Estudiantil.

Centro Universitario de Idiomas

Las actividades del CUI sufrieron cambios debido a las modificaciones edilicias, ya que nos sacaron las dos aulas que estaban dispuestas para esa actividad. Por ello, el primer ítem es sólo aplicable al primer cuatrimestre, ya que para el segundo se han reservado 4 aulas de la Facultad.

• Apertura y cierre de las aulas A y B, lo que implica también controlar la limpieza de las mismas y en caso de encontrarlas sucias, ponerlas en condiciones para la cursada.

• Suministrarle a los profesores los materiales para la clase (marcador, borrador, listas, grabador y libros en los casos que fuera necesario).

• Atención a los alumnos, ya que la sede cuenta con determinadas tareas del departamento de alumnos, que la sede central de Junín relega a cada sede.

• Manejo de la caja: apertura y cierre, depósitos, cobro de cuotas (1 al 5 de cada mes) y venta de talleres multimedia.

• Atención al público.

• Cargar las listas de asistencias e imprimirlas.

• Difusión de las actividades del CUI.

• Inscripciones en los períodos de marzo, mayo, agosto y octubre.

• Encuestas anuales que se realizan en el segundo cuatrimestre.

• Entrega de credenciales y cartas de presentación.

Voluntariado Universitario (FCE)

Presentación a convocatorias

i) Programa de Voluntariado Universitario - Ministerio de Educación:
Los proyectos presentados y aprobados son los siguientes:

• Oficina de Asistencia Integral/Programa Desarrollo Emprendedor (ProDeEm).

• Museo de la Deuda: Se presentaron dos proyectos: por un lado, la renovación de la muestra; y por el otro, la historieta *Canje Deuda x Educación*.

• Acompañamiento Pedagógico con el Colegio Sarmiento.

• Seminario de Integración y Aplicación en Proyectos Sociales.

ii) Programa de Fortalecimiento de las Organizaciones de la Sociedad Civil - Gobierno de la Ciudad Autónoma de Buenos Aires: Se presentó en la Segunda Convocatoria el proyecto "Oficina de Asistencia Integral", en el cual se ponía mucho énfasis en la capacitación y formación del voluntario. La propuesta no fue aceptada.

Proyectos de Voluntariado

Oficina de Asistencia Integral: durante este año se realizaron y realizan las siguientes actividades:

i) Diseño y dictado de talleres para micro emprendedores de la Villa 21. Fuimos convocados por el Centro de Salud del Hospital Rawson (Barracas), para ofrecer capacitaciones al grupo de emprendedores. Los talleres se llevaron a cabo los días sábados; la primera mitad se realizó en la Facultad de Ciencias Económicas; mientras que en la segunda parte nos trasladamos al Centro de Formación de la Villa 21. Queda pendiente una reunión de cierre, tanto para las devoluciones como para la planificación para el año que viene.

ii) Fundación SES. Un grupo de 5 voluntarios trabaja con la asociación en dos áreas: "Financiamiento Educativo de Calidad para la Educación Pública" y "Cooperación Internacional". En una primera etapa, el trabajo se trata más que nada de relevar información sobre los distintos temas, para luego poder volcarlo en un informe. Los voluntarios se dividieron en dos grupos, y son acompañados por un tutor de la Fundación.

iii) Asistencia PyMe: Un grupo de voluntarios realizó en el mes de septiembre una asistencia a una PyMe, cuya dueña también forma parte del Programa de Voluntariado. Las temáticas tratadas consistieron en el área contable y laboral, específicamente en aquellos aspectos relacionados con la apertura del negocio.

iv) Asociación Civil Dale Vida: Los voluntarios se encuentran colaborando en distintas actividades. En su mayoría, se dedican a generar una base de datos de donantes voluntarios, además de contactarse con ellos. Asimismo, participan de la planificación de los distintos eventos que organiza la

Asociación (como por ejemplo, la jornada por el día del donante voluntario). Por otro lado, algunas de las voluntarias se dedican a tareas comunitarias, leyendo cuentos a los niños internados en el Hospital Ricardo Gutiérrez. Por último, todos deberían ser promotores de la donación voluntaria de sangre. Para ello, fueron capacitados por la presidenta.

v) Emprendimiento Vitrofusión: un grupo de voluntarios asistió a un pequeño proyecto productivo en técnicas y estrategias de comercialización. Se trata de una actividad iniciada durante el 2007, en la cual ya se había trabajado la organización y la administración del negocio.

vi) Asociación Civil Unitre/Asociación Civil Addema: Se asiste en temas contables, específicamente en cuanto al estado de los libros obligatorios

Museo de la Deuda Externa: este año se sumaron más voluntarios (de la FCE y Derecho). Además, se retomó contacto con algunos de los "fundadores". Se realizan reuniones asiduas para la discusión de textos y demás temas actuales relacionados con la deuda externa. Los voluntarios también participan de las visitas guiadas, de acuerdo con su disponibilidad horaria.

Colegio Sarmiento: los voluntarios realizan tareas de tutoría con los alumnos que enfrentan problemas de aprendizaje. Se trata de un proyecto piloto iniciado en el Colegio desde el año pasado, con el objetivo de lograr reducir los niveles de deserción y repitencia.

Se busca brindar, por un lado, técnicas de estudio, como también, generar mecanismos de contención alternativos para los chicos.

Por otra parte, se realizan charlas con el fin de fomentar y concientizar sobre la necesidad y beneficios de la formación universitaria.

Derechos Humanos: se está armando el grupo de voluntarios interesados para poder planificar las distintas actividades que se pueden llegar a realizar el año que viene. Ello fundamentalmente porque resulta difícil poder ejecutar alguna en lo que resta del ciclo lectivo.

Otras actividades

Cursos y Jornadas "Voluntariado Especializado Sustentable" (VES): Por iniciativa de las asociaciones Generación Par y Código R, se iniciaron una serie de talleres y clases abiertas durante todo el año.

Colecta de Sangre: en el mes de octubre se llevó a cabo una donación voluntaria de sangre, destinada al Hospital de Niños Ricardo Gutiérrez. Para ello, se realizó una campaña de difusión –en la que participaron las voluntarias de Dale Vida–. Se planea para el año que viene repetir la experiencia en dos ocasiones más.

Donación Anual Facultad de Económicas (DAFE): organizada por un grupo de estudiantes de Dirección General, a cargo del profesor Gustavo Tondi. El equipo estuvo trabajando bajo la tutoría del consejero Juan Cruz. Arce. Todo lo recaudado será destinado a los comedores de Margarita Barrientos.

Participación en el Primer Encuentro "La Universidad de Buenos Aires, producción y trayectoria pedagógica", en el eje "Espacio para la articulación Universidad-Sociedad".

Elaboración de la "Pequeña Guía para el Voluntario".

Museo de la Deuda Externa

1. Voluntariado del MDE: el miércoles 23 de abril tuvimos la primera reunión con los Voluntarios del Museo donde les entregamos una copia del libro de Alfredo Eric y Eric Calcagno para que comenzaran a adentrarse en la temática y les enviamos por mail todas las visitas guiadas que teníamos programadas hasta ese momento con el fin de que los que puedan se sumen y así comenzar a tener una idea de cómo era la dinámica.

El miércoles 14 de mayo se realizó una segunda reunión, estando presente la licenciada Roxana Sánchez, en la cual los voluntarios se interiorizaron del Proyecto, quedando evacuadas las dudas que se presentaron. Durante el año, los voluntarios asistieron en la medida de sus posibilidades a las visitas guiadas. En las mismas, fueron presentados al público como tales e hicieron breves aportes a las mismas.

Cabe destacar la impresión positiva que causó el sistema diseñado por la SEU a los voluntarios fundadores (José Fernández y Medardo Saviotti) que siguen asistiendo, quienes dijeron sentirse "parte del Proyecto", como no había ocurrido con el esquema anterior.

También se les fue entregando a los voluntarios que fueron solicitando otros libros más complejos sobre deuda externa, para continuar con el afianzamiento de los diferentes conceptos y procesos de endeudamiento.

El día 15 de noviembre del corriente se llevó a cabo La Noche de los Museos contando con la participación de algunos de los voluntarios del MDE durante la jornada.

2. Envío del Comic II "Un Intruso en la Familia" a las escuelas: el comic fue terminado en el mes de diciembre de 2007 y editado en enero de 2008, durante el año se realizó el reparto de las historietas en las escuelas de gestión pública y privada de la Ciudad de Buenos Aires.

Junto con las historietas (se enviaron 2 ejemplares del comic II y 1 del primero), se adjuntó una carta del licenciado Saravia invitando a las escuelas a visitar el museo o, en el caso de no poder acercarse, se ofreció la proyección del audiovisual del museo (el cual fue realizado en 2006).

En este contexto, más de 30 escuelas nos enviaron mails agradeciendo la entrega de los comics y planificando concertar visitas guiadas o salidas para el futuro.

Escuelas de la Ciudad Autónoma de Buenos Aires que enviaron mail de agradecimiento y pedido de visitas o salidas después de recibir los comics repartidos recientemente:

- Escuela N° 15 DE 13°
- Escuela N° 23 DE 7°
- Colegio Nuestra Señora de Guadalupe
- Inst. San Román
- Inst. Argentino Excelsior
- Inst. Arzruní (Flores Sur)
- Liceo N° 5 DE 11°
- Escuela N° 29 DE 7 Marina Mercante Argentina
- Escuela de Comercio N° 19 "Juan Montalvo"
- Inst. Martín Buber
- Escuela N° 8 DE 17°
- Escuela Modelo Sarmiento (Liniers)
- Escuela N° 3 DE 11°
- Inst. Inmaculada Concepción (Pompeya)
- IFTS N° 10 (San Cristóbal)
- Escuela N° 21 DE 3°
- Instituto Nuestra Señora de la Misericordia (Flores)
- EMET N° 16 DE 17°
- Escuela N° 27 DE 18°
- Instituto Isaac Newton
- Instituto Nuestra Señora de la Gracia y el Buen Remedio
- Escuela N° 10 DE 1°
- Instituto Tomás Devoto
- CENS N° 63
- Normal Superior N° 6
- Instituto Dámasa Zelaya (Saavedra)

3. Convenio con un diario nacional para entregar el Comic I en formato de fascículos: Se habló con Marcelo Guouman (se le entregó un Comic) quien se puso en contacto con Gustavo Flores a cargo de Comunicaciones Institucionales de la Facultad, quien a su vez contactaría con los principales diarios de la ciudad para proponer la idea. Nos informó Marcelo Guouman

que la tarea planteada presentaba obstáculos que implicaban gestiones que no estaban a nuestro alcance a corto plazo. Por lo cual, la idea quedó en suspenso.

4. Instalación de la base de datos del CEDOC (centro de documentación del MDE) en las computadoras del MDE: Las bases de datos fueron instaladas en el mes de mayo en las computadoras del museo.

5. Grabación en formato MP3 de la visita guiada para extranjeros: luego de la redacción de los guiones con ayuda del Centro Universitario de Idiomas, fueron grabadas en castellano, inglés, francés y portugués en el SADEM las pistas de audio y luego incorporadas en reproductores de MP3 donados al Museo por ACARA. El 17 de julio del corriente hemos puesto a disposición de los visitantes los mencionados reproductores con audio en formato MP3 en castellano, ingles, portugués y francés. El museo cuenta hoy con 4 reproductores de MP3 por cada idioma.

6. Actualización de contenidos del Museo:

Sala 1: fueron instalados los ploteos correspondientes a la primera sala del Museo (1810-1976), que versan sobre el Empréstito Baring, la guerra del Paraguay y el desendeudamiento durante el primer gobierno de Perón, incluyendo también un ploteo actualizado con las autoridades del Museo y otro con palabras de bienvenida del actual director y secretario de Bienestar Estudiantil.

Asimismo se incorporó una computadora en la cual se reproduce de manera continua el documental "La República Perdida I", que relata la historia económica, política y social de la Argentina entre los años 1928 y 1974.

Sala 2 (1976-1982): fueron incorporados 3 ploteos, uno referente a la estatización de la deuda externa privada en 1982, un ploteo explicativo de cómo se generaron las crisis de deuda latinoamericanas en los años '70 y otro referente a la causa judicial impulsada por Alejandro Olmos en 1982 contra el equipo económico de la dictadura por el manejo fraudulento del endeudamiento externo durante dicho período. Asimismo se mejoró el planisferio temático haciéndolo más comprensible (incorporación de ploteo de corte con referencias y nuevos imanes). Por ultimo, se consiguió la donación de un reproductor de DVD por parte de la empresa Deloitte, permitiendo de esta manera la proyección en el televisor de la sala la reproducción continua del documental "La República Perdida II" que relata la historia económica, política y social de la Argentina entre los años 1976 y 1983.

Sala 3: se instaló un velcro en el álbum familiar del FMI dado que anteriormente por su propio peso quedaba abierto, dificultando el tránsito de los visitantes por dicha sala.

Sala 4: (1983-1999): se incorporó un nuevo ploteo que versa sobre el Derecho Internacional Público en relación a la deuda externa (puntualmente, se explican la Doctrina de la Deuda Odiosa y la Doctrina Espeche Gil).

Asimismo se mejoró la señalización de la obra "Las dos caras de la Convertibilidad" a fin de una mejor interacción de los visitantes con la misma.

Sala 5 (1999-2008): se incorporó un video realizado por la Procuración del Tesoro de la Nación y Canal 7 que relata la crisis social y económica ocurrida en el país entre 1998 y 2002. También se actualizó la última cifra de desocupación expuesta en la obra de arte de las estatuillas de los *San Cayetanos*.

Por último, se incorporó señalética en la entrada de la Facultad a fin de que alumnos de esta casa de altos estudios sepan de la existencia del Museo y puedan visitarlo.

7. Prensa y difusión:

Se envió una gacetilla de prensa describiendo el Museo, difundiendo sus actividades e historia, a un mailing de medios, previamente actualizado (radios AM y FM, TV abierta y por cable, diarios, semanarios y revistas de interés general, economía, política y cultura).

Se concedieron reportajes a:
- FM Concepto de la Ciudad de Buenos Aires,
- FM Radio Universidad Nacional de La Plata,
- FM En Tránsito del Partido de Morón (Prov. de Buenos Aires),
- FM Identidad de la CABA.
- Radio Colombia (Ciudad de Bogotá).
- FM 95.1 Radio Kilme, sita en el Partido de Quilmes.
- Agencia de Noticias Interpress.

El 25 de marzo salió publicada una nota en el diario *Clarín* (pág. 12 completa). Se realizaron asimismo un videoreportaje para el sitio web del canal Todo Noticias, sección Lado Web; una nota en el diario *Buenos Aires Herald* semana del 20 al 26 de abril. Aparición de la gacetilla en el sitio web "4 Semanas. Periodismo Alternativo".

Nota en el Portal "Buenos Aires Lado B" luego de la participación del MDE en La Noche de los Museos 2008.

Proyección del audiovisual del Museo en la Fundación Evita, dirigida por Miguel Ángel De Renzis. A partir de dicha presentación, se presentó el audiovisual en la localidad de Marcos Paz con auspicio de la Municipalidad, la cual reunió a 5 de los 6 colegios correspondientes a ese distrito y puso a disposición nuestra un auditorio para 300 personas, el cual fue llenado en las dos proyecciones que se realizaron. Asimismo, en dicha oportunidad realizamos 2 entrevistas para los 2 canales de la localidad antes mencionada.

8. Itinerancia del Museo:

Gracias a la positiva experiencia que tuvimos al presentar el audiovisual en Marcos Paz con la ayuda de la Municipalidad, hemos enviado a varios municipios del conurbano un e-mail o carta firmada por el secretario de Bienestar Estudiantil y director del Museo a fin de realizar un evento de las características del realizado con la Municipalidad de Marcos Paz. En ese sentido redactamos la carta para enviar a los municipios en un intento de llevar al museo al todo el conurbano bonaerense.

Fueron enviados los mails, invitando a conocer el Museo, quedando en concertar visitas guiadas o salidas, en fechas a confirmar los siguientes municipios:
- Tigre
- San Martín
- Exaltación de la Cruz
- Moreno
- Morón
- Lomas de Zamora
- Almirante Brown
- La Matanza
- Quilmes
- Avellaneda
- Tres de Febrero
- Luján.

El municipio de Moreno nos ha solicitado armar el evento propuesto para el año que viene.

9. Folletería para Difusión: fue diseñado un tríptico con información sobre el museo (se adjunta como anexo) a fin de ser entregado a los visitantes. El mismo fue remitido a la Unidad de Coordinación de Comunicación institucional de la FCE la cual aprobó la impresión de 15.000 ejemplares.

10. Charla-debate: se realizó con éxito una charla debate "Deuda Externa Argentina en la actualidad: tendencias y perspectivas" con la presencia del doctor Alejandro Olmos Gaona, el ingeniero Moisés Resnick Brenner y el doctor Miguel Ángel Espeche Gil, el día 17 de abril a las 19:00 en el aula 110 de esta Facultad contando con una convocatoria de 100 personas. Como

consecuencia de dicho evento, se publicó una nota sobre el mismo en el diario universitario *La U* (se adjunta afiche).

11. Seminario sobre Inflación: se acordó la realización de un Seminario sobre Inflación por parte de la Cátedra Jauretche en el Museo los últimos tres jueves de octubre, con la concurrencia de 30 personas aproximadamente en cada jornada.

12. Ciclo de Cine: se realizó un ciclo de cine en el mes de mayo (se anexa afiche) y proyectamos los films, "Money As Debt", "Zietgeist" y "Maxed Out", los cuales se ocupan de analizar el sistema financiero internacional. Concurrieron a las proyecciones aproximadamente 20 personas y luego de las mismas se realizó una charla debate.

13. 24 horas de Cine Nacional: el MDE participó del evento organizado por el Programa de Promoción de la Universidad Argentina. Fueron proyectadas siete películas:
Viernes 24 de octubre
• 16:00: "La mayor estafa al Pueblo Argentino" (90 min.) de Diego Muziak. Es un film basado en la causa originada y promovida por el periodista Alejandro Olmos contra los responsables de la gestión económica durante la última dictadura cívico-militar.
• 18:00: "Crónica de una Fuga" (105 min.) Basada en relatos de un sobreviviente de uno de los campos de concentración emblemáticos de la última dictadura cívico-militar: la Mansión Seré, ubicado en el partido de Morón. En dicho predio, actuaban los grupos de tareas de la Fuerza Aérea.
Lunes 27 de octubre
• 16:00 "Bolivia" (75 min.) Narra las vicisitudes por las que debe pasar un inmigrante del altiplano boliviano, quien llega a Buenos Aires buscando un futuro mejor. El protagonista se adentra en un mundo de prejuicios, precariedad laboral y violencia en el contexto de lo que había creído era la tierra prometida: la Argentina de la Convertibilidad.
• 18:00 "Argentina Latente" (100 min.) El tercer film de la saga de Pino Solanas sobre la Argentina aborda la reconstrucción del país (tras la crisis de 2002), a partir de sus recursos naturales, industriales y científicos. La obra propone un debate sobre los modelos tecnológicos para demostrar que la eficiencia y la modernidad no son antagónicas con el respeto a los derechos humanos y sociales.
Miércoles 29 de octubre
• 17:30: "Luna de Avellaneda" (142 min.) Un film costumbrista que

pinta los imaginarios colectivos de dos generaciones que se cruzan en la encrucijada de los años noventa. Tragicomedia donde afloran las emociones y sentimientos de los argentinos de principios del Tercer Milenio.

Viernes 31 de octubre

• 16:00: "9 reinas" (114 min.) Dos estafadores de poca monta se conocen fortuitamente una madrugada y se ven envueltos en un negocio urgente. Tienen que aprovechar la única gran oportunidad que la vida les presenta. Y lo harán, al tiempo que despliegan un mundo de ladrones y farsantes, una selva urbana donde nadie está libre de su pequeña o gran cuota de corrupción.

• 18:30: Audiovisual Museo de la Deuda Externa (largo: 55 min.) filmado y editado por el Equipo del Museo de la Deuda Externa de la Secretaría de Extensión Universitaria de la Facultad de Ciencias Económicas de la Universidad de Buenos Aires. El mismo tiene una duración de 40 minutos y expone la historia del endeudamiento público argentino, poniendo énfasis en lo sucedido desde el golpe del 24 de marzo de 1976 hasta el pago al FMI en 2006. Debate final sobre la temática.

14. Encuesta sobre el Museo:

Se diseñó una encuesta y se puso a disposición de los visitantes. Algunas de las ideas vertidas fueron disparadores de modificaciones a realizar en la sala de exposiciones. A modo de ejemplo, un visitante sugirió establecer una guía de bibliografía y links de Internet sobre la temática para quienes quieran profundizar. Asimismo, en dicha encuesta los visitantes dejan su e-mail y luego son incorporados a los contactos del museo para notificarlos de futuros eventos.

15. La Noche de los Museos:

El museo participó por cuarta vez consecutiva de La Noche de los Museos organizada por el Gobierno de la Ciudad de Buenos Aires con la asistencia de más de 1.000 personas en toda la jornada. Se realizaron visitas guiadas en forma continua, se obsequiaron ejemplares de las historietas realizadas por el equipo del MDE a los visitantes y se invitó a los museos integrantes de la Red de Museos UBA a participar del evento dado que los mismos no tenían la posibilidad de participar con sus respectivos museos por diferentes motivos. Se colocó un póster temático de los Museos de la Red, estando presentes sus autoridades, colaborando con nosotros en la organización.

16. Pagina Web del Museo:

En el marco de la actualización de la página de la FCE, el equipo del museo envió los contenidos del MDE a la Unidad de Coordinación de Comunicación Institucional de la FCE que luego los plasmó en la página actual del MDE.

17. Financiamiento del MDE:

El equipo del museo ha presentado 3 proyectos para obtener subsidio a fin de continuar mejorando el museo:

• Fue presentado un proyecto en la convocatoria 2008 del Programa Nacional de Voluntariado Universitario de la Secretaría de Políticas Universitarias dependiente del Ministerio de Educación de la Nación, el cual convoca a estudiantes, docentes e investigadores a presentar proyectos en los que apliquen los conocimientos adquiridos, en beneficio de la comunidad.

• Un proyecto en el Fondo de Cultura de la Ciudad de Buenos Aires para la financiación de un tercer comic del museo.

• Un proyecto en la Universidad de Buenos Aires en el marco del segundo llamado a concurso de Proyectos UBANEX "Rector Risieri Frondizi" para proyectos de extensión universitaria, para ser ejecutados en el período 2009-2010. Los montos solicitados alcanzan un total de $ 92.859.

Cantidad de visitantes en el año 2008

Mes (Cantidad de visitantes): febrero (88), marzo (232), abril (282), mayo (409), junio (643), julio (283), agosto (97), septiembre (115), octubre (123), noviembre (1323).

Visitas y salidas realizadas durante 2008

Abril
16/04: Visita de funcionarios de la Embajada del Imperio del Japón
24/04: Visita de la Escuela Nº 4 DE 9º "Nicolás Avellaneda"
25/04: Proyección del Audiovisual en la Fundación Evita
Mayo
06/05: Visita guiada del Colegio ECOS
07/05: Visita guiada del Liceo Nº 1
23/05: Visita guiada del Colegio ECOS
30/05: Visita guiada de alumnos de la materia Macroeconomía y Política Económica (FCE- UBA)
Junio
09/06: Visita guiada del Instituto General San Martín de Campana
10/06: Visita guiada del Instituto Adoratrices

23/06: Visita guiada de alumnos de la escuela de Periodismo TEA

27/06: Salida y proyección del audiovisual en el Centro Cultural Roma del Municipio de Marcos Paz

Julio

01/07: Visita guiada de la Asamblea Popular del Cid Campeador

18/07: Visita guiada del Liceo N° 2

Agosto

19/08: Visita guiada del Inst. Alejandro Bunge (San Miguel)

25/08: Visita guiada de la Escuela N° 23 (Quilmes)

28/08: Visita guiada de la Escuela Media N° 4 "Provincias Unidas" (La Matanza)

Septiembre

Viaje a la Feria del Libro de la localidad de Chajarí, en la provincia de Entre Ríos (Arce & Escobar)

15/09: Visita guiada del Inst. General San Martín (Campana)

22/09: Visita guiada del CENS N° 29 (Almagro)

24/09: Salida y proyección del audiovisual en el ISF N° 42 "Leopoldo Marechal" (San Miguel)

29/09: Salida y proyección del audiovisual en el CENS N° 42 (San Cristóbal)

Octubre

01/10: Visita guiada del Inst. Isaac Newton

03/10: Visita guiada del Inst. Isaac Newton

09/10 Visita guiada Escuela Gregoria Matorras (Prov. de Corrientes)

17/10: Visita guiada del Inst. Nuestra Señora de los Remedios

20/10: Visita guiada Escuela ORT (Secundario)

20/10: Salida al Instituto San José (Burzaco)

2/10: Salida a Los Cardales (Part. De Exaltación de la Cruz)

24/10: Visita guiada del Inst. Dámasa Zelaya (Saavedra)

28/10: Visita guiada del Colegio Monseñor Dillon

Noviembre:

03/11: Visita guiada Comercial N° 26

04/11: Visita guiada CENS N° 1 e instituto ICES

05/11: Visita guiada Instituto S. M. de Tours

14 y 15/11: Visitas guiadas del Instituto Ramón Falcón

27/11: Visita guiada Inst. Inmaculada Concepción

28/11: Visita guiada CGCP 14

28/11: Visita guiada del Colegio Hull Cordell.

2. Pequeña Guía para el Voluntario

1. Contextualizando…

En un mundo globalizado en gran medida por efecto de las comunicaciones, cotidianamente nos vemos inundados de noticias sobre los diversos acontecimientos de la realidad mundial. La caída de la Bolsa de Nueva York, repercutiendo en el resto de los países del planeta, nos muestra cuán frágil e inestable puede ser el mercado financiero; los desastres naturales cada vez más frecuentes, evidencian la gravedad del calentamiento global; la creciente proporción de gente sumergida en la pobreza extrema, nos habla a las claras de la injusticia social inherente a la globalización en las actuales condiciones.

En este marco, cabe preguntarse por el rol que debe asumir la Universidad de Buenos Aires (UBA), como un componente fundamental de la educación pública.

¿De qué manera se puede contribuir, en tanto comunidad universitaria, en nuestro carácter de estudiantes y profesionales, a la vez que ciudadanos, para la construcción de una sociedad más inclusiva, capaz de brindar iguales oportunidades y asegurar la ciudadanía al conjunto de sus integrantes?

Desde la Secretaría de Extensión Universitaria (SEU), asumimos el voluntariado como una herramienta que manifiesta en la práctica el principio de Responsabilidad Social Universitaria, entendida como la necesidad de retribuir a la sociedad por el aporte del conjunto que hace posible el sostén y la existencia misma de la universidad pública.

A través de esta Pequeña Guía para el Voluntario, se intentará dar respuesta a las dudas más frecuentes en torno del Programa de Voluntariado Universitario desarrollado por la SEU.

En la globalización de las comunicaciones, en esta comunidad global de la información, en la llamada sociedad del conocimiento, las necesidades sociales tanto como su atención eficiente, se encuentran determinadas en una medida creciente por la cantidad y la calidad de la información, por un acceso efectivo a las comunicaciones y por el nivel de conocimiento disponible. Por eso el voluntariado y la educación están llamados a constituir una alianza estratégica en la construcción de un futuro mejor, partiendo desde las acciones del presente. El voluntariado hace posible lo necesario. Porque opera en la realidad de manera directa, atendiendo necesidades sociales en el lugar donde se manifiestan, es decir donde vive la gente. Por eso el voluntariado desarrolla su acción básica y sustancialmente en el ámbito local, en el espacio concreto de la comunidad más inmediata.

2. Nosotros… Vos… ¿Quiénes somos?

Con más de 180 años de historia, la Universidad de Buenos Aires continúa siendo una de las pocas instituciones educativas en Latinoamérica que brinda formación profesional y excelencia académica a todo aquel que así lo requiera. En otras palabras, nuestra universidad tiene el acceso libre e irrestricto a sus alumnos y es completamente gratuita para la realización de todas las carreras universitarias de grado, así como para las tecnicaturas y profesorados que configuran su oferta académica básica.

Desde sus inicios, la UBA constituyó un centro académico, cultural y científico, con una trayectoria que explica el prestigio que merece en nuestros días. Sus fines, tal como lo señala el Estatuto Universitario, remiten a la promoción, la difusión y la preservación de la cultura.

Y es a través del contacto directo y permanente con el pensamiento universal, con una particular atención a los problemas argentinos, que se materializa su compromiso en el sentido de cumplir con este propósito. De manera concordante, desde entonces establece como pilares de su actividad: la formación académica, la investigación y la extensión.

En ese marco, la Facultad de Ciencias Económicas (FCE) sirve a la generación de conocimiento en ese campo específico y en la formación de recursos académicos y profesionales. Tiene el objetivo de analizar, interpretar y enriquecer el nivel de conocimiento en las distintas disciplinas sobre las que tiene incumbencia. Al igual que la Universidad, de la que forma parte junto a trece facultades, en su misión formadora y generadora de conocimiento, se orienta a establecer fuertes y fluidos vínculos con la comunidad en la que se encuentra inmersa. De ello se ocupa especialmente la Secretaría de Extensión Universitaria, órgano mediante el cual nuestra Facultad establece y mantiene relaciones con la sociedad signadas por el principio de solidaridad. En el marco de sus actividades, el Programa de Voluntariado Universitario constituye uno de los caminos para establecer esos puentes con la sociedad y sus organizaciones, una herramienta multiplicadora que a la vez implica una práctica solidaria y una instancia de aprendizaje.

El voluntariado atiende en forma directa desigualdades que no ha contribuido a generar. La acción solidaria reconstituye el tejido comunitario en una manifestación ciudadana de responsabilidad social, porque reproduce un modelo de comportamiento a imitar ya que su difusión contribuye al bienestar de los integrantes de la comunidad, en una escala humana y con resultados verificables.

El voluntariado construye sentido. Porque plantea una visión proactiva donde la acción solidaria trasciende el acto puntual de su realización para proyectarse, a través de los valores que comunica, como una alternativa viable hacia una mejor calidad de vida para el conjunto social.

3. ¿Qué es un voluntario?

Múltiples y variadas son las definiciones que existen sobre el voluntariado. Y con ello, también pueden encontrarse numerosas características y valores que se atribuyen a él. Más aún, cuando es la misma persona que realiza tareas voluntarias, quien se halla en mejores condiciones para definir qué es lo que hace; así como también cuáles son los motivos que lo mueven, y en busca de qué satisfacciones. Sin embargo, es posible y por demás útil, poder llegar a un consenso acerca de lo que entendemos por voluntariado, y por "voluntariado universitario", en particular.

Un avance hacia la búsqueda de una definición común sería establecer los rasgos prevalecientes en toda actividad voluntaria. Sin duda, el primero de ellos da cuenta de la libre determinación de los individuos, a saber, de la propia decisión de emprender labores solidarias. Toda coerción, inducción o presión sobre la persona excluye la posibilidad de encontrarse frente a un trabajo voluntario. El segundo aspecto a destacar es la realización de tareas de índole general, de manera gratuita, sin percibir intercambio monetario alguno. En este sentido, la contrapartida del voluntariado se relaciona con sentimientos y valores intrínsecos, con la ampliación del rol ciudadano, más que con la recompensa dineraria o en especie que se puede llegar a recibir por cualquier otra tarea. El amor y la solidaridad son los protagonistas a la hora de hablar de los motivos que inducen al voluntariado. Finalmente, se puede agregar que involucra a otros: una persona, una organización, la sociedad en sí, como los destinatarios del trabajo voluntario. Es decir, implica el compromiso de atender las necesidades puntuales de los miembros de la comunidad.

No se trata de llevar a cabo actividades definidas por azar, sino de que las mismas se articulen de manera tal con las dificultades u obstáculos de los actores que favorezcan a su superación, abriendo el camino para una nueva realidad.

Entonces, podemos concluir que un voluntario es la persona que desarrolla, por su libre determinación, de un modo gratuito, altruista y solidario, tareas de interés general destinadas a la atención de necesidades sociales, tanto de manera individual como en organizaciones públicas o privadas, sin percibir por ello remuneración, salario, ni contraprestación económica alguna.

El voluntariado, entendido como la acción voluntaria realizada de manera sostenida y sistemática, sólo tiene existencia real cuando repercute en los otros, cuando su interés es colectivo, general, público. Es un medio para dar respuesta a necesidades, problemas e intereses sociales, y no un fin en sí mismo para brindar satisfacción a las personas voluntarias. La acción voluntaria supone un compromiso solidario para mejorar la vida colectiva.

Por eso decimos que el voluntariado es un medio para hacer posible lo necesario.

A ello cabe agregar la particularidad del voluntariado universitario, dado que el estudiante o graduado carga con un importante bagaje de conocimientos y convivencias cultivados a lo largo de su estadía en la universidad. Bagaje que debe ser capaz de volcarse y aplicarse en beneficio de la comunidad.

El voluntariado construye comunidad. Porque mejora la convivencia social desde el momento que actúa sobre las tensiones generadas por una atención insuficiente de las necesidades sociales.

4. Voluntarios... ¿Para qué?

A primera vista, la pregunta cuya respuesta resulta ser la más crucial, justamente, por ser la que otorga sentido a la labor voluntaria universitaria.

La Universidad se debe a la sociedad, ya que cada uno de sus miembros contribuye a su funcionamiento y lo legitima. Una de las herramientas con las que cuenta es la acción voluntaria, la práctica solidaria que pone al servicio de todos los conocimientos generados. Este deber moral de hacer extensiva a diferentes segmentos de la sociedad la oportunidad de estudiar que ella ofrece es lo que, desde la Secretaría de Extensión Universitaria, entendemos como la base de la Responsabilidad Social Universitaria (RSU). Concepto que se desprende de la Responsabilidad Social Empresaria (RSE), tan en boga en los últimos tiempos, y que insta a las empresas a retribuir a la sociedad por los recursos que de ella extraen para producir o prestar servicios.

Para el caso de nuestra universidad, la RSU está llamada a constituirse en el principio guía que oriente la formación académica, así como todas las actividades de extensión. En este sentido, el Programa de Voluntariado Universitario reúne e institucionaliza las acciones solidarias y voluntarias de estudiantes, graduados, docentes y personal no docente.

El trabajo voluntario junto a y con organizaciones de la sociedad civil y al conjunto social en general, además de responder a la responsabilidad social, es un factor que contribuye a una mayor excelencia académica, al incluir una capacitación extracurricular, alineada con las problemáticas que afectan al país. A pesar de que se trata de un trabajo no remunerado, al menos en dinero, creemos que la contrapartida de esta actividad voluntaria es la capacitación en áreas de incumbencia profesional, la cual no sólo proviene de la organización en la cual los voluntarios realizan sus tareas, sino también a través de la transmisión de conocimientos desde el docente coordinador de cada proyecto.

Por otra parte, quienes conformamos la SEU, consideramos al voluntariado como una práctica ciudadana orientada al fortalecimiento de las instituciones democráticas, entre las cuales debe contarse la universidad pública.

A través de las actividades del Programa de Voluntariado Universitario, se logra difundir los saberes acumulados y generados por la Universidad a todos los sectores de la sociedad, y en particular a aquellos que, por condiciones políticas y socioeconómicas, se ven frecuentemente con menos posibilidades para acceder a ellos.

El hecho de que los frutos de la actividad académica y científica puedan llegar a todos los rincones de la comunidad abre las puertas a un modelo de país con igualdad de oportunidades de crecimiento y desarrollo para todos sus miembros. Empresas, organizaciones sociales, sindicatos, instituciones educativas, organismos del Estado y demás actores sociales deben interactuar en un contexto cruzado por confusiones e incertidumbres, en el que para su correcto funcionamiento y mejor convivencia se ven compelidos a generar un entramado de alianzas estratégicas, que configuran la base para la puesta en práctica del pacto social abarcativo del conjunto que la hora reclama.

En éste, la UBA, en tanto institución pública destinada a la educación y la cultura, debe ser capaz de constituirse como nexo de preferencia para el conjunto de la sociedad. Con el objetivo de construir una Universidad generadora de saberes científicos de alta excelencia, al servicio de la comunidad, para el engrandecimiento de la Nación.

El voluntariado es la expresión de una ciudadanía activa, porque la acción solidaria comunica al voluntario con las problemáticas de la comunidad, asumiendo una parte de la responsabilidad en las soluciones, donde se expresa en los hechos su compromiso con el conjunto.

5. Programa de Voluntariado Universitario: ¿cómo trabajamos?

Junto con el apoyo del Ministerio de Educación, que desde el año 2006 tiene un programa destinado a la promoción y la financiación de proyectos de voluntariado de todas las facultades, la Secretaría de Extensión Universitaria desarrolló las siguientes líneas de trabajo:

5.1. Museo de la Deuda Externa

El Museo de la Deuda Externa se propone –por medio del trabajo solidario de los estudiantes, en conjunto con docentes, graduados y no docentes– investigar y difundir la temática vinculada con la Deuda Externa como una de las causas fundamentales de los problemas sociales que hoy debe afrontar la sociedad argentina.

Conforme al objetivo de incorporar un nuevo canal de comunicación con la comunidad, está funcionando el Museo Itinerante, visitando escuelas de nivel primario y medio, así como Organizaciones de la Sociedad Civil.

Esta actividad permanente consiste en una visita de los voluntarios a estas instituciones, donde se proyectan audiovisuales, se brindan presentaciones y seminarios, y se entregan materiales ilustrativos sobre la cuestión para ser utilizados en el esclarecimiento de los públicos objetivos de cada organización.

Con esta metodología, son los voluntarios quienes difunden en otros ámbitos el conocimiento generado en la Facultad.

5.2. Oficina de Asistencia Integral a Micro y Pequeñas Empresas y Organizaciones de la Sociedad Civil

En el mundo actual, muchas son las problemáticas que afectan a los países latinoamericanos, entre los que se encuentra el nuestro: la desocupación, la exclusión social, la pobreza, la desnutrición, más todos aquellos males que se derivan de la existencia de múltiples sectores de la población con necesidades básicas insatisfechas.

En este panorama, las PyMEs, las ONGs y demás organizaciones, en tanto generadoras de empleo, a la vez que canalizadoras de demandas y necesidades sociales, deben cumplir un apartado especial a la hora de repensar una solución viable, capaz de alcanzar un desarrollo sustentable.

Esta oficina busca, por medio del trabajo voluntario, mejorar el funcionamiento de las micro y pequeñas empresas y organizaciones de la sociedad civil y la economía social (cooperativas, mutuales, asociaciones civiles, emprendimientos promovidos por organizaciones sociales, entre otros) a través de la asistencia técnica y asesoramiento en aspectos tales como administración, análisis de mercado y rentabilidad económica, contabilidad, producción y costos. Para el tratamiento de cuestiones jurídicas y/o legales se trabaja en conjunto con los voluntarios de la Facultad de Derecho de la UBA.

La actividad, que se realiza en grupos de trabajo de tres o cuatro voluntarios, está siempre coordinada por un docente experto en el tema específico a abordar.

5.3. Programa de Desarrollo Emprendedor

Similar importancia tienen los microemprendimientos para la economía argentina, por su capacidad de contribuir al crecimiento sostenido y sustentable, a través de la apertura de nuevos establecimientos productivos y la generación de puestos de trabajo.

La misión de este proyecto es promover y crear nuevos emprendimientos productivos, ofreciendo asesoramiento a emprendedores que presenten ideas novedosas y potencialmente rentables, que apliquen nuevas tecnologías pero que no cuenten con los medios para llevar adelante el emprendimiento, ya fuera por falta de recursos humanos adecuados, financiamiento, infraestructura, capacidad de gestión, entre otras cuestiones.

Específicamente, en el marco del Programa de Desarrollo Emprendedor, se pretende brindar asistencia en la presentación de Planes de Negocios a las diversas instituciones e inversores susceptibles de financiar los diferentes proyectos.

Implica un acompañamiento guía en todo el proceso de elaboración del *business plan*, el cual no sólo servirá para abrir canales de financiamiento, sino que constituirá la referencia permanente del mismo emprendedor, a lo largo de la evolución e implementación de su proyecto, así como también será su carta de presentación al resto de la comunidad.

5.4. Promoción de los Derechos Humanos

Con la defensa de los derechos humanos se pone como eje de discusión el goce garantizado de los derechos básicos de cada persona, es decir, aquellos que se encuentran ligados íntimamente con la vida, la dignidad y la libertad de las personas, e implican su bienestar económico, inserción social y su pleno desarrollo íntegro.

Considerando la importancia de la difusión y resguardo de estos derechos, la Facultad de Ciencias Económicas crea en el año 1999 la "Cátedra Libre de Poder Económico y Derechos Humanos", otorgando la coordinación de la misma a la SEU. Además, nombra como titular a la señora Nora Cortiñas, co-fundadora de Madres de Plaza de Mayo-Línea Fundadora. De esta manera, se genera un ámbito de reflexión, debate y estudio acerca las consecuencias de las decisiones tomadas por agentes económicos sobre el ejercicio de los derechos humanos.

Este proyecto busca difundir la temática de los Derechos Humanos y promover su ejercicio pleno, a través del debate y la difusión de cuestiones vinculadas con la vulneración de los derechos humanos o su no aplicación.

Aquí los voluntarios, que son agrupados según sus intereses, definen las propias actividades a desarrollar, teniendo en cuenta la amplitud de la temática y la multiplicidad de posibles abordajes de la misma.

5.5. Actividades Comunitarias

Las necesidades de las Organizaciones de la Sociedad Civil son múltiples. En muchas ocasiones, dichas instituciones funcionan gracias al trabajo voluntario de sus integrantes, pero no alcanzan a cubrir todas las carencias con las que cuentan.

En el marco de este proyecto, un grupo de voluntarios de la Facultad realiza tareas de apoyo escolar a niños provenientes de familias de bajos recursos económicos, en comedores comunitarios de la Ciudad Autónoma de Buenos Aires.

Entre otras de las actividades que se han realizado, cabe destacar la recolección de alimentos no perecederos e indumentaria para los afectados por las inundaciones en la provincia de Santa Fe.

En conjunto con la Secretaría de Extensión Universitaria y la Cátedra de Dirección General, los voluntarios organizaron una Campaña de Concientización en la Donación Voluntaria de Sangre.

5.6. Promoción de la Responsabilidad Social

En esta línea de trabajo se comenzaron a desarrollar actividades enmarcadas en un proyecto de investigación acerca de las condiciones de emergencia de la responsabilidad social como demanda de los públicos vinculados con la empresa, que derivó en el dictado del curso "Responsabilidad Social: Ciudadanía en la Globalización", organizado por la Secretaría de Extensión Universitaria.

Pretendemos difundir la temática de la responsabilidad social en sus diversas expresiones. La más conocida en la actualidad es la empresaria, sin embargo, es vocación de la Secretaría promover la RSU, razón por la cual se proyecta trabajar desde el Programa de Voluntariado Universitario esta temática.

Por un lado, se trata de identificar continuidades y rupturas en la forma de pensar e implementar programas que abordan la temática de la RSE. El objetivo es asentar las bases para construir una conciencia solidaria y un compromiso empresarial orientado a la solidaridad social.

Se busca trabajar los aspectos positivos y negativos de la temática abordada. Para ello, la modalidad de trabajo que se desarrolla consiste en realizar tareas propias de la investigación, como recopilación de información, visitas a un grupo de empresas seleccionadas en las que se releva información acerca de cómo interpretan el concepto de RSE, la descripción de las actividades que desarrollan en este sentido y demás puntos que el docente a cargo considera necesario trabajar, entre otras actividades.

Por otro lado, se realizan actividades de promoción del ejercicio de la responsabilidad social universitaria, en particular del voluntariado, entre los propios miembros de la comunidad académica de la Facultad.

El voluntariado es también una expresión constructiva de rebeldía, porque contradice en la práctica la resignación de aceptar como inevitable una realidad de necesidades sin la atención correspondiente. Porque el voluntariado contribuye a cambiar la realidad en un sentido deseable con hechos concretos y cotidianos.

6. ¡Quiero ser voluntario!

La Secretaría de Extensión Universitaria, y el PVU en particular, tiene las puertas abiertas a todo aquel que desee realizar prácticas solidarias, otorgándoles el sentido que en esta Pequeña Guía para el Voluntario hemos intentado explayar.

Es dable destacar que el Voluntariado no es producto de la improvisación o espontaneidad. La relevancia que adquiere, tanto para los participantes activos como para los beneficiarios de la comunidad, hace necesaria su institucionalización. Dicho en otras palabras, su reconocimiento oficial y formal, a fin de que esta tarea tan valiosa se mantenga a lo largo del tiempo, independientemente de las personas que la componen o los contextos en los que se desarrolla. Así lo ha considerado la Facultad de Ciencias Económicas, por lo que a través de la Resolución del Consejo Directivo 457/06 ha dado origen a nuestro PVU. Además de implicar la formalización del Voluntariado, dicha resolución otorga la coordinación a la SEU, exigiéndole el registro de los estudiantes y graduados que presten servicios solidarios en el programa, así como también la cantidad de horas trabajadas en este marco. Como símbolo de la articulación del PVU con la formación profesional, es deber de la Secretaría de Extensión Universitaria expedir un diploma, certificando la participación de los voluntarios en los distintos proyectos. La entrega se lleva a cabo al finalizar cada año lectivo. Sólo hace falta completar una ficha de inscripción y mantener una breve entrevista, a fin de interiorizar los intereses, formación y experiencia de cada voluntario para poder asignarlo al proyecto más acorde con su perfil.

Una aclaración importante es que no se exige ningún mínimo de horas. Tratándose de una tarea voluntaria y humanitaria, el compromiso y el tiempo dedicado a él depende pura y exclusivamente de cada voluntario.

Una vez superado estos pasos, lo que queda es ponerse manos a la obra, en busca de la satisfacción que genera el haber aportado para la construcción de una realidad diferente.

El voluntariado, para que la acción solidaria sea más efectiva, debe tener en consideración las restricciones que la misma realidad le impone. Tanto las restricciones de tipo material, respecto de los medios disponibles, como las restricciones sociales y culturales que delimitan su campo de acción. Con una vocación de diálogo entre identidades diversas, en un camino de conocimiento compartido, abriendo espacios de encuentro. Porque la realidad siempre se impone al "voluntarismo" que no tiene en cuenta sus limitaciones, lo que atenta contra la sustentabilidad de la acción solidaria y su continuidad en el tiempo.

El voluntariado es iniciativa social en acción. El voluntariado, en su acción solidaria, rompe el aislamiento establecido por un individualismo ciego que es la raíz de la desintegración del tejido comunitario. Porque establece un vínculo con el otro que está llamado a fortalecer en el destinatario de la acción solidaria sus capacidades de iniciativa y contribuir a su conocimiento sobre cómo llevarla adelante.

7. Apoyos institucionales

A la mayoría de las organizaciones con las que trabajamos les resulta vital, para su supervivencia y crecimiento sostenido, la conformación de redes y vínculos. Ello en miras a un trabajo en conjunto, fundado en objetivos y metas compartidas, con el fin de potenciar las capacidades de cada uno y aminorar las dificultades entre todos.

Lo mismo resulta válido para nuestro Programa de Voluntariado Universitario. Encarar esta tarea tan ambiciosa bordearía los límites de lo utópico, de no ser por el apoyo e interacción con otros organismos e instituciones, abocados a las mismas prácticas y acciones.

En marzo de 2006, el Ministerio de Educación de la Nación creó el Programa de Voluntariado Universitario, buscando establecer y fortalecer las relaciones entre las universidades públicas y la comunidad en las que se insertan. "Para que el conocimiento nos sirva a todos" es un claro lema que refleja la esencia de esta política universitaria. Desde su inicio, la Facultad de Ciencias Económicas, a través de la SEU, ha presentado proyectos de voluntariado, como una forma de institucionalizar las tareas solidarias que los estudiantes y docentes de nuestra casa de estudios ya venían planificando y ejecutando. En ese marco, el trabajo en conjunto se ha plasmado concretamente tanto en la Oficina de Asistencia Integral como en el Museo de la Deuda Externa, ambos proyectos aprobados por el Ministerio de Educación.

Además, cabe hacer mención al Ministerio de Desarrollo Social del Gobierno de la Ciudad de Buenos Aires, a través de su "Programa de Fortalecimiento a Organizaciones de la Sociedad Civil" de la Dirección General de Fortalecimiento de la Sociedad Civil. Sus acciones se orientan a articular y estimular las prácticas de voluntariado de las distintas organizaciones de la sociedad civil, por medio de la capacitación y el financiamiento de sus actividades. Gracias a la convocatoria a proyectos durante el 2007, se hizo posible el dictado de una formación, "Voluntariado con, en y desde las organizaciones", cuya tema principal era el voluntariado como herramienta de la responsabilidad social.

Bibliografía citada

Bauman, Zygmunt: *En busca de la política* (Fondo de Cultura Económica, Buenos Aires, 2003).

Drucker, Peter: *La era de la discontinuidad.* (Traducido como "La gran ruptura", Editorial Roble, México DF, 1970.)

————: *La sociedad poscapitalista* (Editorial Sudamericana, Buenos Aires, 1993).

Drucker, Peter: *Las nuevas realidades* (Editorial Sudamericana, Buenos Aires, 1990).

Friedman, Milton: "The Social Responsibility of Business is to Increase its Profits" (*The New York Times Magazine*, 13 de septiembre de 1970).

Hesselbein, Frances; Goldsmith, Marshall; Beckhard, Richard: *La organización del futuro* (Ediciones Granica, Buenos Aires, 1998).

————: *El líder del futuro* (Ediciones Deusto, Bilbao, 1996). En especial, Covey, Stephen: *"Los tres papeles que desempeña el líder en el nuevo paradigma".*

————: *La comunidad del futuro* (Ediciones Granica, Barcelona, 1999).

Hillman, James: *Tipos de poder. Guía para pensar por uno mismo* (Ediciones Granica, Buenos Aires, 2000).

Innerarity, Daniel: *Ética de la hospitalidad* (Ediciones Península, Barcelona, 2001).

Kliksberg, Bernardo (comp.): *La agenda ética pendiente de América Latina* (Banco Interamericano de Desarrollo, Fondo de Cultura Económica, Buenos Aires, 2005).

————: *Hacia una economía con rostro humano* (Fondo de Cultura Económica, Bs. As., 2003).

————: *Más ética, más desarrollo* (Temas Grupo Editorial, Buenos Aires, 2004).

Lee, Blaine: *El principio del poder. Cómo influir en los demás con honor* (Grijalbo-Mondadori, Barcelona, 2000).

Partnoy, Frank: *Codicia contagiosa* (Editorial El Ateneo, Buenos Aires, 2003).

Petrella, Riccardo: *El bien común: elogio de la solidaridad* (Editorial Debate, Madrid, 1997).

Solomon, Robert C.: *Nuevas reflexiones acerca de las organizaciones de negocios. El éxito basado en la integridad de las personas* (Oxford University Press, México, 1999).

Toffler, Alvin y Toffler, Heidi: *La creación de una nueva civilización: la política de la tercera ola* (Plaza & Janés Editores, Barcelona, 1996).

Toledo, Ricardo Luis: *Argentina, sociedad anómica* (Editorial Universidad de La Plata, La Plata, 2007).

Veblen, Thorstein: "Sobre la naturaleza del capital". En *Revista de Economía Institucional*, Vol. 2, Nº 3 (Universidad Externado de Colombia, Bogotá, 2000).